Die neue Mittwochsgesellschaft

Die neue Mittwochsgesellschaft

Gespräche über Probleme von Bürger und Staat

Deutsche Verlags-Anstalt • Stuttgart

Die Deutsche Bibliothek – CIP-Einheitsaufnahme
Die neue Mittwochsgesellschaft:
Gespräche über Probleme von Bürger und Staat/
Marion Gräfin Dönhoff. –
Stuttgart: Deutsche Verlags-Anstalt, 1998
ISBN 3-421-05124-0

Textdokumentation und redaktionelle Mitarbeit:
Josef Hrycyk, Hamburg
Typografische Gestaltung und Satz:
DOPPELPUNKT Auch und Grätzbach GbR, Leonberg
Druck und Bindearbeit: Friedrich Pustet, Regensburg
ISBN 3-421-05124-0

Inhalt

Vorwort

Das wissenschaftlich-technische Zeitalter hat im Verein mit den Gesetzen des Kapitalismus die Leistung und den materiellen Erfolg ins Zentrum allen Handelns gerückt – dadurch sind allmählich Geist, Kultur, Kunst immer mehr an die Peripherie gedrängt worden; aber reicht es aus, die Wirtschaft zur Basis und alleinigen Philosophie zu machen?

Eine Gesellschaft ohne ethische Normen und ohne Spielregeln kann auf lange Sicht keinen Bestand haben. Groß ist heute in der allgemeinen Ratlosigkeit das Bedürfnis nach Orientierung. Viel wird über diese Probleme nachgedacht, in Instituten, Akademien und bei Podiumsdiskussionen; aber der ständige Wechsel der Bühne und der Beteiligten läßt keine nachhaltige Wirkung aufkommen.

Beim Nachdenken über dieses Phänomen kommt einem eine einzigartige Einrichtung in den Sinn, die 1863 gegründet, achtzig Jahre lang in Deutschland existierte und die eine sinnvolle Rolle gespielt hat: Die Mittwochsgesellschaft. Ihr gehörten sechzehn bekannte Persönlichkeiten aus verschiedensten Lebensbereichen an. Man traf sich zweimal im Monat in Berlin im Hause eines der Mitglieder. Der betreffende Gastgeber mußte einen Vortrag aus seinem Spezialgebiet halten, über den die Runde dann diskutierte.

Um eine Vorstellung von diesem Kreis zu bekommen: Ihm gehörten am Schluß unter anderem an: General Ludwig Beck, Werner Heisenberg, Wilhelm Pinder, Eduard Spranger, Ferdinand Sauerbruch, Ulrich von Hassell, Johannes Popitz, Bernhard Harms ... Nach dem 20. Juli 1944 wurden vier der Mitglieder hingerichtet. Das war das Ende der Mittwochsgesellschaft.

Damals, vor der Jahrhundertwende, ging es den Teilnehmern darum, in einer Epoche sich rasch verändernder Erkenntnisse in allen Bereichen des Lebens von den Experten soviel wie möglich darüber zu erfahren. Die Situation ist heute anders, aber die Problematik, vor der wir stehen: frustrierte Politiker, verdrossene Bürger, die klassischen Parteien, die Ansehen verlieren ... läßt auf Abhilfe sinnen und an jene Mittwochsgesellschaft denken; sie bestand ja nicht aus ideologisch Gleichgesinnten, bei ihr handelte es sich vielmehr um eine Gruppe, die durch ethische Überzeugung und ihre Auffassung von Recht und Gerechtigkeit verbunden war.

Unter diesem Aspekt haben sich die auf dem Umschlag Genannten zusammengefunden – ein Kreis von glaubwürdigen, respektierten Persönlichkeiten, der sich sechsmal im Jahr trifft. Eine Zusammenfassung des jeweils kurzen Vortrags zu aktuellen »brennenden Fragen« und die anschließende Diskussion der ersten vier Sitzungen wird hier veröffentlicht.

Wenn dieser Versuch dazu dienen sollte, Anregungen zu geben, vielleicht sogar eine Orientierungshilfe zu bieten, die für die Öffentlichkeit interessant ist, werden weitere Veröffentlichungen folgen.

Marion Gräfin Dönhoff

Die Mittwochsgesellschaft
vom 25. September 1996

Der einzelne und die Gesellschaft in Deutschland

Es fehlt ein Kodex für unternehmerisches Verhalten

Helmut Schmidt:

Ich gehe davon aus, daß Marion Dönhoff recht hat mit allem, was sie zusammenfassend in dieser Runde am 26. Juni vorgetragen hat. Ich zitiere: »Jede Gesellschaft braucht Bindungen. Ohne Spielregeln und ohne Tradition, ohne einen bestimmten Konsens über Verhaltensnormen kann kein Gemeinwesen bestehen, nicht einmal ein Verein. Eine Gesellschaft, die nicht über einen ethischen Minimalkonsens verfügt, ... wird mit der Zeit zerbröseln.«

Am Schluß sagte sie: »Vielleicht ist es nur die Phantasielosigkeit aller Funktionäre, denen nichts einfällt.« Hier waren, nehme ich an, nicht nur Funktionäre von Parteien und Verbänden gemeint, sondern auch Professoren, Lehrer, Ärzte, Pastoren und Synodale, Richter usw. Marion Dönhoff fuhr fort: »Sie sollten wissen, daß man die Menschen nicht einfach sich selbst überlassen kann.« Denn, so füge ich hinzu, der Mensch ist von Natur aus, in seinem Genom als Allesfresser angelegt, das heißt auch als Jäger, auch als Raubtier, welches sein Jagdrevier verteidigt. Ohne Erziehung, ohne Akkulturation des einzelnen wären wir das, was unsere Gene uns mitgegeben haben, nämlich Raubtiere mit höchster Intelligenz, instinktiv bedacht auf egoistische Selbstbehauptung.

Das, was Marion Dönhoff diagnostiziert hat, trifft auch bei den meisten unserer Nachbarn zu: in Frankreich, in England, in Polen und noch viel mehr im heutigen Rußland. Aber diese Bemerkung soll weiß Gott keinerlei Trost bedeuten – sie verweist lediglich auf den im alten Europa weit verbreiteten, gleichgerichteten moralischen Niedergang.

I.

Nach Deutschland zurückkehrend – und mich fürderhin auf unser eigenes Land konzentrierend –, scheint mir, daß weder Immanuel Kants Kategorischer Imperativ noch das Grundgesetz die Mehrzahl der Deutschen ausreichend orientieren können. Auch nicht die Zehn Gebote oder gar die Bergpredigt. Alle diese moralischen Gesetze und Gebote bedürfen – zum Erlebnis ihrer konkreten Anwendbarkeit – der Interpretation, aber diese bleibt aus. Kant oder der Rabbi aus Nazareth helfen nicht, wenn ich mich frage: Wie weit darf ich eines der Netze der sozialen Sicherheit für mich in Anspruch nehmen? Oder: Wie sehr darf ich als Gesetzgeber die Sozialversicherungsbeiträge in die Höhe schrauben? Oder: Wie weit darf ich deren Leistungen einschränken? Oder: Welche Steuern muß ich senken, zu wessen

Gunsten? Oder wenn sich der Arzt fragt: Wo liegen meine Grenzen, nicht etwa nur beim Melken der Ortskrankenkasse, sondern auch zum Beispiel in der Frage der Todeshilfe? Oder: Wie hoch sollen Dividende und Aktienkurs sein und wie hoch im Verhältnis dazu die Löhne, die ich zahle, oder gar die Ertragsbeteiligung meiner Belegschaft? Es fehlt nicht nur an einem allgemeinen moralischen Grundkonsens, sondern auch an einer allgemein respektierten speziellen Ethik der Ärzte, der Wissenschaftler schlechthin, der Unternehmensleiter, der Medienleute, der Politiker usw.

Die meisten der unserem moralischen Verfall zugrunde liegenden Umbrüche entziehen sich jeglicher Korrektur. Sie sind geschehene Geschichte, und nicht einmal ein allmächtiger Gott kann geschehene Geschichte nachträglich ändern. Man kann sie nachträglich auf verschiedene Weise interpretieren, und man kann Teile im Bewußtsein löschen. Man kann umgekehrt auch andere Teile übermächtig erscheinen lassen, wie beispielsweise Goldhagen oder Jan Reemtsma es gegenwärtig in Deutschland bewirken. Aber weder Weltkrieg I und Versailles, weder der Fehlschlag der Weimarer Demokratie noch Hitler, Auschwitz und Weltkrieg II können gelöscht werden.

Die eine Wirkung dieser Ereignisse ist die Beschädigung und zum Teil Zerstörung fast aller Autoritäten; heute gehört zu den restlichen Autoritäten vor allem die Autorität des Marktes, das heißt die Macht der Konkurrenz. Die andere Wirkung ist: In der Reaktion auf die totale Ausbeutung und Überforderung des Pflichtgefühls und des Pflichtengehorsams der

Deutschen ist unser Grundgesetz ziemlich weit in das gegenteilige Extrem gegangen. Die ausdrücklich als unverrückbar erklärten Artikel 1 bis 19 des Grundgesetzes enthalten ausschließlich Rechte, aber keine Pflichten. Eine Ausnahme, nachträglich eingefügt, ist die Wehr- und Ersatzdienstpflicht. Es gibt einen Grundrechtekatalog, aber keinen Katalog von Grundpflichten.

Auch die seit 1945 vergangenen Jahre des unerhörten materiellen Aufstiegs fast aller Schichten, fast aller einzelnen haben Folgen gezeitigt, die man nicht mehr eliminieren kann.

Und in der Tat: Es kann ja durchaus so sein, daß die Älteren heute als Maßstäbe Konrad Adenauer, Kurt Schumacher, Ernst Reuter oder Fritz Erler anlegen oder die Maßstäbe Heinz Nixdorf, Kurt Körber oder Heinz Nordhoff, Hans Böckler, Otto Dibelius oder Julius Döpfner und daß es fehlerhaft, vielleicht unzulässig ist, solche Maßstäbe einer im Feuer gehärteten Generation anzulegen an eine in wachsendem Wohlstand aufgewachsene Normal- oder Durchschnittsgeneration des heutigen Führungspersonals in der Politik, in der Wirtschaft, in der Publizistik, in der Wissenschaft etc. Gleichwohl: Die heutigen Führungsgarnituren strahlen wenig aus. Sie funktionieren in ihren jeweiligen Aufgaben, aber sie liefern kaum Vorbilder; sie können auch schwerlich ethische Signale aussenden.

Dies wird zusätzlich erschwert durch den Siegeszug von Fernsehen und Video. Die Transformation von einer lesenden und zuhörenden Gesellschaft in eine glotzende Gesellschaft verändert nicht nur grundlegend die Bedingungen der Demokratie, sondern darüber hinaus flüstert sie den Volksmassen Ansprüche auf einen so hohen Lebensstandard ein, wie sie einstweilen nur für kleinere Schichten realisierbar sind. 25 gleichzeitige Fernsehprogramme – demnächst hundert Kanäle und noch mehr – suggerieren insgesamt falsche Maßstäbe. Sie suggerieren Gewalttaten, Mord, Autojagden, Schießereien und Katastrophen als ganz normale Erscheinungen.

Und sie verführen die Politiker zur Oberflächlichkeit; denn was kann einer schon Gewichtiges in 45 Sekunden entwickeln oder in einer Talk-Show zu fünft Gewichtiges sagen! Statt dessen wird die Gefälligkeit seines Gesichtes, ihres Auftretens, seiner Krawatte oder ihres Kleides zum wichtigen Faktor seiner oder ihrer Wirkung.

Aber auch Video- und Fernseh-Subkultur sind nicht mehr rückgängig zu machen. Ihnen gegenüber sind die herkömmlichen Erziehungsfaktoren – Eltern, Schulen, Kirchen – in schrecklich vielen Fällen in den Hintergrund getreten.

Seit wenigen Jahren kommt ein ganz neuer Grund für Orientierungsverluste hinzu. Ich spreche vom Verschwinden der Sowjetunion. Zwischen Demokratie und Marktwirtschaft einerseits und kommunistischer Diktatur plus Zwangswirtschaft andererseits war eine Orientierung relativ, oft auch allzu einfach; daneben gab es nur noch die sogenannte Dritte Welt, der man pflichtschuldig kleine Opfer brachte. Heute dagegen, zumal im zunehmenden Bewußtsein der Globalisierung, wird die ganze Vielfalt menschenmöglicher Ordnungen sichtbar: die Vielfalt politischer, wirtschaftlich-sozialer und auch geistiger Ordnungen. Wer sich angesichts dieser Vielfalt nicht selbst entscheiden kann, dem bietet sich die Flucht in den Lebensgenuß, in den Hedonismus an und auch die Flucht in den Fundamentalismus und in das Sektierertum.

Zu alledem kommt eine psychologische Reaktion, die für das heutige Deutschland spezifisch ist, nämlich die Angst, daß nichts so bleibt, wie es bis gestern war. Der politische Schlachtruf »keine Experimente!« hat schon vor Jahrzehnten versucht, diese Angst für sich zu nutzen. Seit der zweiten Hälfte der sechziger Jahre entwickelte sich in unserem Lande eine teilweise geradezu hysterische Angst – und Angstmacherei! – vor einem Verlust des Friedens, vor einem Verlust der natürlichen Umwelt, vor Kernkraft, vor Gentechnologie, vor Magnetschwebezügen, sogar vor neuen Autobahnen. Und neuerdings – und diesmal sehr wohl begründet – gibt es die zunehmende Angst um den Arbeitsplatz. Die Deutschen sind heute Europameister der Angst.

Natürlich müssen Ängste ernst genommen werden, wenn sie geheilt werden sollen. Das weiß jeder Psychiater, jeder Psychotherapeut und jeder gute Arzt. Aber auch zu diesem Problemkomplex gibt es bei uns keine durchgängige Therapievorstellung der Führenden.

Ich will mich einigen wenigen der vielen Felder zuwenden, in denen es offenbar am ethischen Grundkonsens mangelt. Nehmen Sie diese bitte nur als illustrativ gemeinte Einzelbeispiele für die allgemeine Frage: Wie kann einer wissen oder erkennen, was seine Pflichten und seine Verantwortungen sind?

II.

Es ist für mich am leichtesten, mit der Ethik zu beginnen, die heute vom Politiker zu fordern ist.

Sie erinnern sich an Max Webers kluge Rede von 1919 über »Politik als Beruf«. Seine Trilogie von Leidenschaft, Augenmaß und Verantwortungsbewußtsein war keine Ethik, sondern eigentlich nur eine holzschnittartige, freilich sehr luzide Analyse durch einen Soziologen.

Auch seine berühmte Distinktion zwischen Gesinnungsethik und Verantwortungsethik war analytische Deskription, noch keine materielle Ethik, wenngleich Weber für Verantwortungsethik eintritt – wie ich selbst übrigens auch. Allerdings habe ich mich, wenn ich mich auf Max Weber berief, meist bemüht, eines der möglichen Mißverständnisse auszuschließen, indem ich hinzugefügt habe: »Politik ohne Grundwerte ist gewissenlos, sie tendiert zum Verbrechen.« Oder anders gesagt: Der Politiker hat sich in seinem Gewissen zu verantworten vor den ethischen Grundwerten, denen er zum Gehorsam verpflichtet ist. Und dazu muß er sie kennen.

Nun sind diejenigen Grundwerte offenbar, welche dem Grundrechtekatalog des Grundgesetzes zugrunde liegen. Aber das können ja nicht schon alle Grundwerte sein. Welche weiteren Grundwerte sind gemeint, wenn Artikel 2 des Grundgesetzes die Ausübung von Grundrechten begrenzt durch »das Sittengesetz«, gegen das einer nicht verstoßen darf? Welches sind die Grundwerte »des Sittengesetzes«? Sie sind nirgendwo festgelegt; das kann aber doch nicht heißen, daß sie beliebig seien. Es kann auch nicht bedeuten, daß das Karlsruher Verfassungsgericht über ihre Existenz oder ihren Vorrang zu entscheiden habe. Tatsächlich gibt es heute – auch unter den Politikern – nur einen relativ schwammigen Konsens in unserer Gesellschaft über die Fundamente und den Inhalt des Sittengesetzes.

Und über den Teil eines Sittengesetzes, der die politische Klasse und ihre Mitglieder betrifft, gibt es höchstens eine noch viel schwammigere Übereinstimmung. Es wäre eine große Sache, wenn einige Politiker sich zusammensetzten und einen Kodex aufschrieben.

Wenn Max Weber von Verantwortung sprach, so meinte das vor allem: Verantwortung für die Folgen des eigenen Handelns. Ich füge hinzu: auch für die Fehlschläge, auch für die unbeabsichtigten Folgen und die Nebenwirkungen des eigenen Handelns. In einer Demokratie bedeutet Verantwortung nicht nur Verantwortung gegenüber dem eigenen Gewissen, sondern auch Verantwortung gegenüber den Wählern.

Zu dieser Verantwortung gegenüber den Wählern gehören Durchsichtigkeit und Wahrheitsliebe, Ehrlichkeit. Zur Ehrlichkeit gehört das Bekenntnis zur Notwendigkeit des Kompromisses. Zur Durchsichtigkeit gehört zum Beispiel die Offenlegung der Parteienfinanzierung. Der Steuerzahler finanziert über das Budget nicht nur jeden Abgeordneten und seine

Hilfskraft, sondern auch das Parlament als Ganzes. Das ist in Ordnung. Nicht in Ordnung ist es, daß er außerdem den Parteien sogenannte Wahlkampfkosten in horrender Höhe erstattet; daß er den parteilichen Fraktionen erhebliche Stäbe und Apparatekosten finanziert. Dazu kommt die steuerliche Abzugsfähigkeit von Spenden und Beiträgen zugunsten der politischen Parteien. Die politische Klasse hat sich im Laufe der letzten dreißig Jahre finanzielle Sondervorteile verschafft, die zum Himmel stinken.

Zur Transparenz sollte notabene auch die Offenlegung der außerparlamentarischen Einkünfte der Politiker gehören, auch ihre berufliche Herkunft und Absicherung. Beispielsweise überwuchert der öffentliche Dienst unsere Parlamente in einem beängstigenden Maße.

Eine der schlimmsten Entwicklungen hängt mit dem Umstand der Listenwahl zusammen. Die Hälfte aller Bundestagsabgeordneten und fast alle Landtagsabgeordneten verdanken ihre Wahl nicht dem ihnen persönlich entgegengebrachten Vertrauen der Wähler, sondern vielmehr ihrem erfolgreichen Delegierten-Kuhhandel und Funktionärsgeklüngel um einen aussichtsreichen Platz auf der Liste. Das führt zu einer hohen Abhängigkeit der Listenabgeordneten.

Für mich erschreckend ist, wie viele zu politischen Karrieristen geworden sind. Viele der heutigen Parteifunktionäre der SPD meinen im Ernst, wenn ihr Parteitag binnen dreier Tage über tausend Anträge entschieden habe, dann hätten sich anschließend ihre Mandatsträger im Parlament nach dieser so hergestellten »Beschlußlage« zu richten. So kann das Recht – und die moralische Pflicht – des Parlamentsabgeordneten, nur seinem Gewissen zu folgen, unter die Räder kommen, ist es teilweise auch.

Der Mehrheit der Politiker fehlt es heute an konzeptioneller Kraft und am Mut zu Reform und Erneuerung. Sie tarnen ihre Entschlußlosigkeit mit großen Worten wie »Solidarpakt« und »Bündnis für Arbeit«. Heute kann jeder sehen: weder Solidarität noch Bündnis, noch Arbeit!

Wir haben heute offiziell vier Millionen Arbeitslose, tatsächlich fünf bis sechs Millionen, in den sechs östlichen Ländern im Schnitt über zwanzig Prozent. Und die Arbeitslosigkeit steigt weiterhin. Wer wie ich die Jahre 1929 bis 1933 bewußt miterlebt hat, der kennt die seelisch verheerende Wirkung lang anhaltender Dauerarbeitslosigkeit, ganz unabhängig von der materiellen Lage, die heute sehr viel besser ist als damals. Aber weder die politische noch die unternehmerische Klasse – die managerial class – hat dagegen ein Konzept. Sparen ist zwar nötig, aber Budgeteinsparung allein erbringt keinen einzigen Arbeitsplatz – ganz im Gegenteil. Das Sparpaket machte dann Sinn, wenn es Teil eines umfassenden Remedur-Pakets wäre: Dazu gehörten beispielsweise eine groß angelegte, auch teure Anstrengung auf den Feldern der naturwissenschaftlichen, medizinischen und ingenieurwissenschaftlichen Grundlagenforschung; ferner eine solche Anstrengung bei der anwendungsorientierten Forschung sowie bei der Verzahnung mit der industriellen Forschung und Entwicklung. Nur so können wir im globalen Wettbewerb auf neue Arbeitsplätze in den kommenden Jahren hoffen.

Dazu brauchen wir eine radikale Durchforstung von achtzigtausend Seiten Gesetze im Bundesgesetzblatt, insgesamt Hunderttausende von Paragraphen.
Wir brauchen die längst und vielfach versprochene, immer wieder verschobene Vereinfachung des Subventions- und Steuerdschungels. Der Zustand unseres Einkommenssteuersystems ist amoralisch – aber die politische Klasse hat es so gemacht.

Was also ist von der politischen Klasse zu verlangen? Meine Antwort ist: Sie sollte sich selbst unter die kritische Lupe nehmen! Punktuelle Kritik von außen scheint abzuprallen, komme sie aus den Zeitungen, aus Karlsruhe, von Professor von Arnim oder von Marion Dönhoff.

Ein Kodex, von Politikern erarbeitet und ihren Kollegen öffentlich unterbreitet, über Aufgaben, Pflichten und Verantwortungen der Politiker wäre eine Wohltat.

Was sollte der ethische Kodex für einen deutschen Politiker enthalten? Er sollte natürlich anfangen mit der Kenntnis des Grundgesetzes und mit grundlegenden Kenntnissen der Geschichte Deutschlands und seiner europäischen Nachbarn. Sodann wird man von ihm verlangen müssen, sich Sachkenntnis und Gesetzeskenntnis auf mindestens einem Sachgebiet zu verschaffen, auf das er sich im Parlament konzentriert. Wenn einer zum Beispiel über die Macht der Banken reden will, so sind von ihm Tatsachenkenntnis und Gesetzeskenntnis – Kreditwesengesetz, Aktienrecht, Bundesbankgesetz und dergleichen – zu verlangen. Der Katalog schließt mit der Forderung: Du sollst auf jeden Fall immer wieder prüfen, ob und wie eine Ungerechtigkeit, ein Mißstand oder eine Fehlentwicklung zu beseitigen sind. Das ist ein Appell an den Reformwillen.

Zwischen den eingangs und den am Schluß genannten Maximen sind manche anderen Maximen aufzuführen, wie ich sie vorhin andeutungsweise impliziert habe. Vor allem gehören folgende zwei moralische Maximen in den Kodex: Du sollst in jedem Einzelfalle abwägen, was spricht für die Fraktionsdisziplin? Was dagegen spricht für Deine eigene Gewissensentscheidung? Und wenn beide in einem Falle auseinandergehen, dann sollst Du Dich bei der Abstimmung so entscheiden, wie Dein eigenes Gewissen es Dir vorgibt. Die andere Maxime lautet: Du sollst Dich selbst am Ende jeder Sitzungsperiode fragen: Bin ich meinem Auftrag und meinen Grundwerten gerecht geworden?

III.

Mein drittes Kapitel geht zur Moral der Wirtschaft und ihrer Verbände.

Vor wenigen Tagen hat der freisinnige Schweizer Finanzminister vor sechshundert helvetischen Spitzenbankern an deren soziales Gewissen appelliert. Kaspar Villiger, der selbst früher ein Unternehmen geleitet hat, führte wörtlich aus: »Es gibt eine unternehmerische Verantwortung, die über das rein Wirtschaftliche hinausweist. Sie ist der Preis, der für die möglichst weitgehende unternehmerische Freiheit entrichtet werden muß. Es darf den Weg zurück nach Manchester trotz Deregulierung und Restrukturierung des Sozialstaats nicht geben.«

Gerade das schweizerische System sei »ohne staatsbürgerliche Verantwortung auch der Wirtschaft nicht denkbar«. Denn die Menschen – »ihre wichtigste Ressource« – werden in kommenden Abstimmungen der Wirtschaft nur dann die Stange halten, »wenn sie sich nicht als machtlose Rädchen in einem anonymen, demokratisch nicht mehr kontrollierten, globalisierten und eiskalten Wirtschaftsräderwerk fühlen«.

Man möchte diese Worte jenen sich selbst Unternehmer nennenden Managern in Industrie und Banken um die Ohren schlagen, die im vorigen Jahr Riesenverluste ankündigten, sodann Tausende Arbeitsplätze durch Entlassung und Frühpensionierung kassierten, um dieses Jahr erhebliche Gewinne vorzuzeigen. Einige bringen es sogar fertig, in ein und derselben Bilanz-Pressekonferenz oder Generalversammlung die Entlassungen und Gewinnsteigerung anzukündigen – und zugleich sich durch Optionen auf Aktien des eigenen Unternehmens zu bereichern und sich den Sporn ins Fleisch zu setzen, durch welche Operationen auch immer den Kurs der eigenen Aktien nach oben zu treiben – jedenfalls für ihre eigene Amtszeit.

Hans Merkle hat recht, wenn er die neue, für einige der deutschen Manager offenbar sehr verführerische Ideologie des »shareholder value« kritisiert: »Der Shareholder will sein Kapital mit möglichst hohem Ertrag einsetzen. Er ist kein Unternehmer, sondern

Geldgeber. Der ideale Unternehmer ist für mich der, der auch sein geistiges und moralisches Kapital einsetzt, um etwas zu schaffen. Damit dient er der Volkswirtschaft – und ich verwende bewußt das Wort ›dienen‹. Was wir brauchen, das ist wieder ein Komment: Man tut gewisse Dinge eben nicht. Ganz unabhängig davon, ob sie strafbar sind oder nicht.«

Ich halte das alles für richtig. Einer meiner amerikanischen Bankerfreunde hat mir neulich gesagt: Wenn denn die Entlassung von Arbeitskräften den Wert der Aktien und das Vermögen der Aktienbesitzer erhöht, dann erscheint es nur fair und billig, die Entlassenen an diesem Vermögenswachstum zu beteiligen. – Richtig! Bei uns dagegen gibt es – ausnahmsweise! – eine Abfindung in bar und im übrigen eine massenhafte Verlagerung auf die Leistungen der Arbeitslosenversicherung und vor allem der Rentenversicherung. Das ist eine Verlagerung auf die Gesellschaft als Ganzes, soweit ihre Mitglieder Steuern und Sozialabgaben zahlen.

Der amerikanische Raubtierkapitalismus breitet sich auch in Deutschland aus. Wir haben einerseits unsere Wirtschaft überreguliert, aber andererseits ist die Kontrolle der Macht von Managern in vielen Fällen offenbar unzureichend.

Das Totschlagwort von der unvermeidlichen Globalisierung kommt übrigens auch aus Amerika, ebenso wie der Begriff »outsourcing«. Es ist wahr: Die ständige Aufwertung der D-Mark, insbesondere in den letzten fünfundzwanzig Jahren, hat einen Teil unserer Arbeitsplätze gekostet. Die billigere Konkurrenz aus Ost- und Südostasien sowie aus Indien hat einen anderen Teil gekostet bzw. hat verhindert, daß bei uns neue Arbeitsplätze entstanden sind. Schon vor mehr als zwanzig Jahren habe ich – damals als Finanzminister, später als Regierungschef – unablässig Industrie und Gewerkschaften auf diese Entwicklung der Globalisierung hingewiesen und verlangt, sich dafür zu wappnen. Aber beide haben das weitgehend in den Wind geschlagen, und meine eigenen Sozi-Kollegen haben meinen Appell als Schmidts »Weltwirschaftsoper« abgetan.

Heute jammert die Industrie über verlorene Wettbewerbsfähigkeit. Sie hat dafür das denunzieren sollende Schlagwort vom schlechten »Standort Deutschland« geprägt, Lambsdorff an der Spitze. Heute beklagt sie – durchaus nicht zu Unrecht – manchen der zu weit gegangenen Manteltarif- und Lohntarifverträge. Aber diese tragen doch die Unterschrift beider Seiten!

Heute beklagt die Industrie – durchaus nicht zu Unrecht – zu hohe Lohnnebenkosten, gemeinsam mit CDU/CSU und FDP in Bonn. Aber die letzteren waren es doch, welche die Sozialversicherungsgesetze der letzten anderthalb Jahrzehnte gemacht haben, einschließlich der allein auf einen Wahlkampf gezielten, völlig unzureichend finanzierten neuen Säule der Sozialversicherung, genannt Pflegefallversicherung. Sie hat viele Illusionen erzeugt, die noch platzen werden.

Unsere Manager müssen wieder lernen, daß der Wettbewerbsmarkt zwar eine höchst wirksame, im Ergebnis sehr nützliche Veranstaltung ist, daß der Markt aber kein moralisches Prinzip darstellt. Der

Markt an sich schafft weder soziale Sicherheit noch soziale oder steuerliche Gerechtigkeit. Der Markt erzeugt auch weder kollektiven noch individuellen Anstand.

Das von Müller-Armack geprägte, von Ludwig Erhard und Karl Schiller propagierte Leitwort von der »sozialen Marktwirtschaft« ist heute in Gefahr, seine Glaubwürdigkeit zu verlieren. Sein Begriffsinhalt wird zusehends nebulös, so wie es mit dem anderen Leitwort vom »demokratischen Sozialismus« schon seit 1989 geschehen ist. Die sozial gebändigte kapitalistische Marktwirtschaft, die »soziale Marktwirtschaft«, meinte: Markt plus soziale Sicherheit der kleinen Leute, Markt plus Betriebsrat und Mitbestimmung, Markt plus angemessene Beteiligung am Ertrag.

Was also ist zu fordern? Meine Antwort ist im Prinzip ähnlich wie vorhin gegenüber der politischen Klasse. Mögen bitte einige aus der unternehmerischen Klasse und aus der Managerklasse, sei es im BDI oder im Bankenverband, sich daransetzen und einen Kodex unternehmerischen rechten Verhaltens erarbeiten, publizieren und eine öffentliche Debatte darüber entfachen.

Mögen sie sich dabei sowohl an Schumpeter als auch zugleich an Artikel 14 des Grundgesetzes orientieren, wo es heißt: »Eigentum verpflichtet. Sein Gebrauch soll zugleich dem Wohle der Allgemeinheit dienen.«

IV.

Zum Schluß: Die Kirchenleute, die Schullehrer, die Hochschullehrer müssen wissen: Weder die Zehn Gebote sind in ihrer Generalität, noch ist der Grundrechtekatalog des Grundgesetzes in seiner Einseitigkeit ausreichend für die Werteerziehung junger Menschen. Ich glaube nicht, daß eine abstrakte Ethiklehre uns viel helfen wird. Eher erhoffe ich mir Hilfe davon, wenn einige Berufe anfingen, das ihnen speziell aufgegebene Ethos öffentlich zu entwickeln und vorzutragen.

Zum Schluß aber hoffe ich doch auch auf eine Wiederbelebung der Erziehung zu den Tugenden. Ich meine nicht die »theologischen Tugenden« Glaube, Liebe, Hoffnung. Ich meine auch nicht so sehr die Kardinaltugenden im Sinne des Thomas von Aquin, der sich an Plato und Aristoteles angelehnt hat, als er vier Kardinaltugenden definierte, nämlich Weisheit oder Klugheit, zweitens Tapferkeit, drittens Maß oder auch Besonnenheit oder Selbstbeherrschung und schließlich viertens Gerechtigkeit. Ganz gewiß ist des Thomas' Tugendkatalog eine wichtige Quelle der Erkenntnis, aber er bleibt für einen jungen Menschen ziemlich abstrakt und schwerlich erlebbar.

Dies gilt auch für Kants Umprägung der »goldenen Regel«, die sich in fast allen großen Weltreligionen findet, in seinem »kategorischen Imperativ«. Er ist für den Politiker, Wissenschaftler oder den Unternehmer geradezu unausweichlich, aber für den jungen Menschen ist er gemeinhin nicht einfach in dessen praktisches Leben umzusetzen. Ich meine um Gottes willen auch nicht den Gehorsam gegen eine Obrigkeit, wie er im Römerbrief des Paulus im Kapitel 13 verlangt ist. Darauf bin ich als Soldat in der Nazizeit hereingefallen.

Sondern ich meine die geschmähten, fälschlich so genannten Sekundärtugenden. Ich meine: Ehrlichkeit, Zuverlässigkeit, Toleranz, Solidarität gegenüber dem Nachbarn, dem Kollegen und dem Untergebenen. Ich meine Friedfertigkeit und vor allem: Verantwortungsgefühl.

Die Erziehung zur persönlichen Verantwortung muß einhergehen mit der Schärfung des Verstandes und des Gewissens, auf daß ein junger Mensch zu erkennen lernt, was denn seine Pflichten sind. Nicht nur, daß er lernt, was ihm ausdrücklich verboten ist, sondern daß er auch lernt, was er seinen Mitmenschen und der Gemeinschaft und sich selbst schuldig ist. Aber keine Erziehung zum Respekt vor Werten oder zum Prinzip der Verantwortlichkeit kann je gelingen, wenn nicht die Eltern, die Lehrer, die Politiker und die Medienleute mit ihrer eigenen Lebensweise ein stetiges Vorbild geben.

Diskussion

Marion Dönhoff:

Ich finde die Idee sehr einleuchtend, daß Experten verschiedener Branchen einen Kodex erstellen und aufzeichnen, was für ihren Bereich richtig und unerläßlich ist. Wichtig ist aber auch die Frage, wie den jungen Menschen vermittelt werden soll, daß es Beschränkungen der Freiheit gibt und daß diese die Voraussetzung dafür sind, daß die Freiheit überhaupt fortbesteht.

Ich denke, das Interesse der Jugend gewinnt man am ehesten mit Filmen, mit Bildern. Es wäre vielleicht gut, wenn man einen Film herstellen könnte, in dem die Dinge, von denen Helmut Schmidt gesprochen hat, im Mittelpunkt stehen: Verantwortung, Tapferkeit, Mut, Einsatz – aber nicht Einsatz, um jemanden zu schikanieren, sondern um Bedrängten zu helfen. Weil ich nicht weiß, wie man so etwas macht, habe ich mich einmal mit Herrn Schlöndorff unterhalten, der meine Idee sehr gut fand. Auf meine Frage, ob man das Ganze nicht in der ehemaligen DDR spielen lassen sollte, damit auch der Osten vertreten ist, antwortete er mir, daß er dabei sei, daß aber das Drehbuch große Schwierigkeiten bereite.

Ich stelle die Frage, ob die Anwesenden glauben, daß ein solcher Film Eindruck bei jungen Menschen hinterlassen könnte. Natürlich nicht als einzelner Film – er müßte schon in der Lage sein, Nachahmungseffekte zu schaffen, Moden zu kreieren.

Helmut Schmidt:

Das kann ich mir schon vorstellen. Der Erfolg hängt davon ab, wer das Buch schreibt und wer den Film produziert. Mit einem einzigen Film ist es wahrscheinlich nicht getan. Man kann mit einem Film gewaltige Wirkungen erzielen. »Schindlers Liste«, »Der Blaue Engel« und »Professor Unrat« sind Beispiele dafür. Wenn der Film außerdem noch im Fernsehen gesendet würde, wäre das um so besser.

Friedrich Dieckmann:

Mit moralischen Vorsätzen kann man keine Kunstwerke schaffen.

Helmut Schmidt:

Friedrich Schiller und Bertolt Brecht konnten es aber!

Giuseppe Vita:

Ein Film sollte das Endergebnis sein. Von Herrn Schmidt haben wir gehört, daß wir zunächst die Ethik in Politik, Wirtschaft, Gesellschaft und Wissenschaft zu definieren haben. Bevor wir diese »Schulaufgabe« nicht erledigt haben, können wir auch keinen Film produzieren.

Ich glaube, Herr Schmidt hat uns so viele Ideen gegeben, daß wir jeweils eine Diskussionsrunde auf bestimmte Schwerpunkte konzentrieren müssen, und erst nach vielen Diskussionsrunden werden wir dann zu einem Destillat von Vorschlägen kommen können. Wenn wir bereits jetzt die Herstellung eines Films befürworten, setzen wir die Einigkeit über viele Punkte voraus, über die wir zunächst diskutieren sollten.

Reinhard Höppner:

Diesen ersten Teil mit der Analyse der Verhältnisse kann ich gut nachvollziehen. Für mich war das Zitat von Herrn Rühe sehr interessant, daß die ältere Generation ja ein Schicksal hinter sich habe. Das assoziiere ich ein wenig mit der Generation, die in der damaligen DDR den Umbruch erlebt hat. Wir haben auch das Gefühl, ein Stück Schicksal hinter uns zu haben. Das mag manche Handlungen in einem anderen Lichte erscheinen lassen.

Moral muß offenkundig auch plausibel sein. Das hat etwas mit der Tatsache zu tun, daß Autoritäten zerfallen sind. Wenn die Kirche moralische Grundsätze verkündet, richtet sich niemand allein deswegen danach, weil die Kirche das verkündet hat. Wenn Moral nicht plausibel ist, wird sie für die Handlungen der Menschen keine Maxime sein.

Wir nehmen die Folgen unseres Handelns im Grunde genommen nicht mehr wahr. Was hat man beispielsweise von Ehrlichkeit? Man registriert ja nicht mehr, welche verheerenden Folgen Unehrlichkeit hat. Das verliert sich im allgemeinen Nebel der Begriffe wie »Orientierungslosigkeit«. Was bringt Solidarität? Das ist etwas, was man in den kurzen

Zeitabständen, in denen man heutzutage lernt, nicht mehr richtig wahrnimmt. Unter Umständen bemerkt man am Ende einer längeren Lebensetappe, daß es nicht vernünftig war, einen Streit zu beginnen, daß Friedfertigkeit besser gewesen wäre. Aber dann ist das Kind schon in den Brunnen gefallen. Es reicht nicht aus, wenn nur alte Leute weise sind.

Man muß plausibel machen, das heißt für die Menschen in ihrem Alltag erfahrbar machen können, daß diese sogenannten Sekundärtugenden nicht nur abstrakt für das Gemeinwesen, sondern auch für das eigene Lebensumfeld von Nutzen sind.

Bei den Politikern zeigt sich, daß diejenigen, die sich nach den Machtspielregeln einer Mediengesellschaft richten, eher Erfolg haben als diejenigen, die sich an langfristigen Tugenden orientieren.

Mir scheint die größte Schwierigkeit zu sein: Wie bekommen wir in einer Zeit, in der wir alle sehr viel Neues lernen müssen, Kreisläufe des Lernens in Gang, die diese positiven Elemente fördern?

Antje Vollmer:

Der Film als modernes Medium müßte dieselbe Funktion haben wie früher der Entwicklungsroman. Hinter dieser Art von Roman stand eine Schicht, meistens eine bürgerliche Schicht, die auch einen emanzipatorischen Anspruch im Sinne des Herausbildens einer bestimmten Zivilisation stellte. Mittels eines solchen Romans wurde beschrieben, wie so etwas entsteht. Die Handelnden absolvierten ihre Lehr- und Wanderjahre, machten bestimmte Erfahrungen und bildeten gewisse Muster heraus. »Nathan der Weise« ist zwar kein solcher Entwicklungsroman, hat aber mit der Emanzipation des jüdischen Bürgertums zu tun. Goethes »Werther« hängt mit der Emanzipation der Klassik zusammen.

Der Ursprung ist also nicht ein Generationen-Scherbengericht. Das klang mir bei den Ausführungen von Herrn Schmidt ein wenig durch, was ich verstehe und was auch ein guter Anstoß sein kann.

Interessant finde ich den Gedanken, daß Menschen ihre neuen eigenen zivilisatorischen Regeln entwickeln, die bestimmten Normen entsprechen, die man allgemein als Sittengesetz bezeichnen kann. Das wird kaum auf der Grundlage eines Scherbengerichts möglich sein, sondern vielmehr aus einem positiven Gestaltungswillen heraus. Die einzigen, die meiner Ansicht nach diesem Gedanken in etwa entsprechen, sind die Kommunitaristen. Die Verpflichtung, beispielsweise regelmäßig die Steuern zu bezahlen, ist eine Art gegen den Trend formulierte positive zivilisatorische Regel.

Die Politik, wie sie von Herrn Schmidt beschrieben wurde, ist eine absolut hoffnungslose Angelegenheit. Der sehr gängige Ausdruck »politische Klasse« erzeugt eine Art kulturrevolutionären Gegenschlag. Ich finde es nicht besonders gut, unter diesem Begriff eine Gruppe von Menschen aufzurufen, die Ethik der Politik neu zu formulieren. Dieser Ausdruck hat etwas grob Diffamierendes. Wenn man davon ausgeht, unsere Politiker seien durch und durch korrupt und müßten in toto ausgetauscht werden, ähnelt dies in seiner Radikalität der Klassenkampfauseinandersetzung. Generell scheint mir die Methode der totalen Philippika nicht in der Lage zu sein, die positiven Kräfte anzuregen.

Seit einiger Zeit frage ich mich: Hat diese Gesellschaft noch genügend zivilisatorische Kreativität, damit in irgendeiner ihrer Gruppen die neuen Regeln entworfen werden können? Das europäische Bürgertum hat genau dieses geleistet. Zuvor wurden die zivilisatorischen Regeln an den Höfen entwickelt und sozusagen nach unten durchgegeben. Wer Karriere machen wollte, mußte sich diese höfischen Regeln zu eigen machen. Dann kam der emanzipatorische Akt des Bürgertums, indem gesagt wurde: Wir schaffen uns unsere Regeln selbst; wir können das, was der Hof getan hat, selbst. Wir schaffen uns unsere demokratischen Regeln in der Verwaltung, wir zahlen Steuern, wir fühlen uns verantwortlich für Kultur und Erziehung.

An diesem Bewußtsein einer Besserstellung mit daraus resultierender sozialer Verantwortung mangelt es häufig. Es gibt Menschen, die von Ausbildung, Vermögen und Weltläufigkeit her dies alles leisten könnten, denen aber der Gedanke »Es hängt letztendlich an uns« fremd ist.

Wolfgang Thierse:

Mir geht es ähnlich wie Antje Vollmer. Helmut Schmidts fundamentale Abrechnung mit einer politischen Generation macht mich ratlos, weil ich dieser Generation zumindest dem Alter, wenn auch nicht der Biographie nach angehöre. Sie war von einer solchen Grundsätzlichkeit, daß ich mich gefragt habe, woher einige Kodizes für die Eliten ihre Wirksamkeit beziehen sollen, wieso die Eliten in der Lage sein sollen, da sie doch so verrottet sind, sich auf Kodizes zu verständigen, zumal die älteren Traditionen, in denen so etwas angelegt ist – beispielsweise die christliche Tradition –, an Wirksamkeit verloren haben.

Ich empfand das als einen unaufgelösten Widerspruch in den Ausführungen von Helmut Schmidt.

Wenn man die Ursachen für den Zerfall der öffentlichen Moral und des moralischen Zusammenhangs untersuchen will, muß man viel tiefer gehen. Man muß den Prozeß der gesellschaftlichen Differenzierung, den man positiv als Individualisierung beschreiben kann, mit einbeziehen. Die Entwicklung zur Informationsgesellschaft, zur Mediengesellschaft bedeutet auch, daß Traditionen zertrümmert werden: Herkunft, Geschichte und Erziehung geben offensichtlich kein ausreichendes moralisches Fundament mehr für den einzelnen ab. Der einzelne ist gezwungen, eigene Überzeugungen, das eigene moralische Korsett immer wieder neu zu formulieren und für sich selber zu finden, weil die Tradition an Bedeutung verloren hat.

Das macht die eigentliche Schwierigkeit, aber auch die Notwendigkeit aus, zu einem oder mehreren solcher Kodizes zu kommen.

Ich habe vor kurzem ein Interview mit Ralf Dahrendorf gelesen, in dem er folgendes sagte: Die OSZE-Staaten, also die reichen Staaten des Nordens, stehen vor einer dreifachen Aufgabe. Sie müssen erstens ihre Wettbewerbsfähigkeit unter den Bedingungen eines radikalisierten Wettbewerbs erhalten oder aufbauen. Zweitens müssen sie Solidarität und soziale Kohäsion in ihren Gesellschaften neu wiederherstellen. Drittens muß dies alles unter den Bedingungen der Freiheit und freier Institutionen geschehen.

Dahrendorf meinte, das Entscheidende sei gegenwärtig, Solidarität und soziale Kohäsion neu zu formulieren und zu praktizieren, weil diese am meisten gefährdet seien. Bei dieser Feststellung bezieht sich Dahrendorf auf seine Untersuchungen der britischen Verhältnisse.

Dahrendorf teilte in diesem Interview mit – auch das fand ich ganz beeindruckend –, er habe Abschied genommen von allen Theorien über Dominanzen etwa des Ökonomischen oder des Politischen.

Vielleicht müssen wir tatsächlich noch einmal unten anfangen, bei den Erfahrungszusammenhängen von Menschen, die ihnen moralische Überzeugung und moralisches Verhalten bestätigen oder zerstören. Vielleicht müssen wir bei dem beginnen, wie Menschen ihre wechselseitige Abhängigkeit erfahren und was daraus für ihr individuelles Verhalten resultiert.

Der Münchener Soziologe Ulrich Beck hat neulich in einem in der ZEIT abgedruckten Aufsatz, der mich sehr nachdenklich gestimmt hat, formuliert: Könnte es sein, daß wir in der Lage sind, so etwas wie einen solidarischen Individualismus zu gebrauchen oder zu entwickeln? Der Prozeß der gesellschaftlichen Differenzierung, der Individualisierung von Menschen ist nicht mehr rückgängig zu machen. Wie erreichen wir, daß die Individuen sozusagen mit der Erfahrung ihrer wechselseitigen Abhängigkeit ihre eigene Lebenspraxis darauf gründen und sie in einen positiven Bewertungszusammenhang stellen: »Es ist sinnvoll, mit anderen solidarisch zu sein, weil dies letztendlich der Basis des eigenen Lebens dient«?

Ich finde, diese Art zu denken könnte ganz fruchtbar sein, weil sie mir im Moment aussichtsreicher erscheint als der Versuch, gewissermaßen von der Geschichte oder von oben her – ich will beides nicht kritisieren, beides wird weiterhin notwendig sein und liegt uns auch nahe – die Moral aufzubauen. Vielmehr sollte die Moral auf der Lebenspraxis von Menschen und ihren Erfahrungen gründen.

Die sogenannten Eliten geben kein Beispiel von Solidarität. Die gegenwärtig herrschende Politik erzeugt Entsolidarisierungseffekte, weil sie Lasten ungerecht verteilt und bei einer immer größer werdenden Anzahl von Menschen den Willen erzeugt: Ich muß mich selber behaupten, um überhaupt durchzukommen. Und das richtet sich immer auch gegen die anderen.

Eine gerechte Lastenverteilung würde dazu führen, daß die Solidarität als eine der entscheidenden zentralen Tugenden wieder möglich wird. Geschieht dies nicht, hilft, wie ich glaube, auch kein Film. Angesichts der Realität unserer Mediengesellschaft geht ein Film in dem Chaos des medialen Angebots unter.

Volker Hassemer:

Ich glaube, unser Thema ist weniger, daß man es unter Verständigen leicht schaffen könnte, einen ethischen Minimalkonsens zu definieren, der noch weniger konkret sein müßte als das, was Herr Schmidt in den einzelnen Bereichen geschildert hat. Das ist für mich nicht das Problem, sondern die Frage, wie ein ethischer Minimalkonsens in der Gesellschaft gültig werden kann. Es stellt sich also im weitesten Sinne die Machtfrage.

Die Kritik von Herrn Schmidt an den Unternehmern war im übrigen mindestens so hart wie die Kritik an den Politikern.

Antje Vollmer:

Nicht ganz!

Volker Hassemer:

Ich empfand es aber so. Für mich ist die entscheidende Frage, wie ein ethischer Minimalkonsens aussieht, über den man sich, sobald er auf der Tagesordnung steht, unter den heutigen Bedingungen relativ schnell und gut verständigen kann. Das ist nicht mehr aus einer Institution, aus einer irgendwie gearteten Geschlossenheit der Gesellschaft heraus, die ihn für gültig erklärt, zu erreichen.

Es wäre natürlich gut, wenn jemand einem Kodex diese Kraft verleihen könnte. Ihr Hinweis, Herr Schmidt, auf junge Politiker und interessante Wirtschaftsführer bedeutet ja auch, daß Sie von dieser Art von »Kodexmachern« die Kraft erwarten, die Gültigkeit herbeizuführen.

Helmut Schmidt:

Zunächst einmal würde es mir schon ausreichen, wenn es eine große öffentliche Diskussion über den Entwurf gäbe. Das wäre schon ein gewaltiger Schritt.

Volker Hassemer:

Dazu komme ich gleich. Ich behaupte nämlich: Wahrscheinlich ist es ein nicht zum Ziel führender Weg, wenn die »Kodexmacher« erwarten, daß sie dadurch, daß sie den Kodex aufstellen, die Öffentlichkeit anregen können.

Wenn die alten Instrumente des Verbindlichmachens nicht mehr existieren, müssen wir uns fragen: Sind vielleicht moderne Instrumente hinzugekommen? Die Verfügbarkeit von Informationen, die Vermittlung von Fakten von überall her stellen heute eine Chance dar.

Auch die Eigentümer von Medien sollten mit ihrem Eigentum verantwortlich umgehen und sich die Frage stellen, ob sie nur das Kriterium der Einschaltquote und des schnellen Reizes zu beachten haben.

Helmut Schmidt:

Sie sind ein Teil der Wirtschaft.

Volker Hassemer:

Sie zeigen für das, was wir heute diskutieren, nämlich ob in der Gesellschaft ein ethischer Minimalkonsens möglich ist, eine besondere Art von wirtschaftlichem Verhalten. Wenn sich Vertreter der Wirtschaft im Verhältnis zu den Aktionären so verhalten, wie Herr Schmidt es gesagt hat, und sie Wertvermehrung nach diesen Methoden betreiben, ist es besonders notwendig, sich damit zu befassen.

Wir müssen Wege finden, um aus dieser Öffentlichkeit heraus anschließend die Nachfrage nach Kodizes und damit überhaupt erst die Nachhaltigkeit der Wirkung von Kodizes herzustellen. Diese Öffentlichkeit führt dann auch dazu, daß ein Film oder ein Buch interessant wird und nachgefragt wird. Auch die Künstler kommen dadurch überhaupt erst auf den Gedanken, sich mit einem solchen Thema zu beschäftigen. Ich glaube, es ist ein Fehler, daß wir das, was öffentlich verhandelt wird, dem Zufall seitens der Medienproduzenten überlassen. Wir haben die Entscheidungsfindung in unseren demokratischen Organisationen ungeheuer differenziert organisiert. Aber das, womit sich die Gesellschaft öffentlich befaßt, überlassen wir der Medienwirtschaft und dem Zufall.

Richard von Weizsäcker:

Alexander Kluge darf demnächst nicht mehr produzieren, weil es die Wirtschaftlichkeit der privaten elektronischen Medien nicht zuläßt. Die elektronischen Medien verkaufen ihr Publikum an ihre Werbeauftraggeber. Das ist der Gegenstand ihres Unternehmens.

Volker Hassemer:

Ich stelle die Frage, ob die öffentliche Diskussion allein von dieser Interessenlage abhängig gemacht werden kann.

Friedrich Dieckmann:

Heute saßen in der S-Bahn drei Jugendliche mit einem großen Hund neben mir; der Hund, von den dreien gereizt, fing an, mir ins Ohr zu bellen. Ich wandte mich zu den jungen Leuten und sagte in aller Ruhe: Es stört. Darauf sie: Der Hund bellt von sich aus, wir haben nichts damit zu tun. Als ich ihnen darauf sagte, daß ich ganz gut beurteilen könne, wann ein Hund von sich aus belle und wann nicht, gingen sie nicht etwa auf ihre eigene Verursachung ein, sondern sagten: Sie reden ja auch ungefragt!

Ganz abgesehen davon, daß das Ganze ein Spiel war, eine kleine Provokationsinszenierung, war es symptomatisch für eine Reaktionsweise, bei der die Verantwortung für einen Mißstand sofort auf andere abgeschoben wird. Diese Jugendlichen waren ganz offenbar arbeitslos, das heißt, sie stehen außerhalb eines Produktionszusammenhangs, der ihnen eine bestimmte Disziplin im Umgang mit andern abverlangt. Damit sind wir bei dem Grundproblem, der Arbeitslosigkeit. Wenn junge Menschen keinen Arbeitszusammenhang mehr gewinnen, der sie zu einer rationalen Form mitmenschlicher Zuordnung erzieht, ist die Abwehrhaltung eines hemmungslosen Individualismus, bis hin zu aggressiver Gesellschaftsfeindlichkeit, eine fast zwangsläufige Folge. Die geschichtliche Erfahrung lehrt, daß die Frage der Moral immer dann wirksam wird, wenn die Ohnmächtigen sie den Mächtigen, die unterprivilegierten den privilegierten Schichten stellen. So war es zur Zeit Luthers, Münzers, Zwinglis, und so war es später im Vorfeld der Französischen Revolution. Die nicht zur gesellschaftlichen Macht zugelassenen Schichten erhoben die Forderung nach Moral, indem sie sagten: Der herrschenden Schicht fehlt es daran.

Das historisch Neue an der jetzigen Situation ist – Ralf Dahrendorf hat das schon vor einigen Jahren angedeutet –, daß die benachteiligte, aus dem gesellschaftlichen Prozeß mehr oder minder ausgeschlossene Schicht, also die Arbeitslosen, nicht in der Lage ist, Moral im Sinn gesellschaftlichen Verantwortungsbewußtseins von denen einzuklagen, die die Verhältnisse gestalten und von ihnen profitieren. Sie sind atomisiert; daß sie, bei Sicherung der Existenz, aus dem Produktionsprozeß ausgesondert wurden, lähmt ihre Handlungs- und Organisationsfähigkeit. Im 18. Jahrhundert setzte das Bürgertum dem herrschenden Adel eine eigene und schließlich siegreiche Moral entgegen; im 19. Jahrhundert war die organisierte Arbeiterschaft ein fruchtbarer moralischer Stachel für die herrschende Bourgeoisie. Die Gedrückten, Entrechteten entwickelten ein besonderes Selbstbewußtsein; den alimentierten Arbeitslosen von heute ist dieser Emanzipationsweg versperrt.

Was die vorhin aufgeworfene Frage anbelangt: Ich glaube, es wäre irreführend anzunehmen, daß Schiller oder Brecht mit moralischen Vorsätzen an die dramatische Arbeit gegangen wären. Ihre Werke reagierten auf eine bestimmte gesellschaftliche Konfliktsituation; die Antworten, die sie gaben, waren als künstlerische vor allem politischer Natur. Wo läge bei Wallenstein oder Karl Moor oder Don Carlos das moralisch Vorbildliche? Wollte man Lehren aus ihrem Scheitern formulieren, moralische Quintessenzen, käme man sofort ins Parodistische. Auch Maria Stuart ist nicht musterhaft; Baal oder Galilei werden uns geradezu als Anti-Helden vorgeführt. Ist die Courage vorbildlich? Daran, daß sie es nicht war, entzündete sich die Kritik der SED-Orthodoxie; man fand es nicht vorbildlich, daß die Heldin nicht vorbildlich war. Pelageja Wlassowa, die Brecht-Gorkische Mutter, wäre nur dann musterhaft, wenn der Standpunkt des Verfassungsschutzes ganz außer acht bliebe; immerhin unterstützt sie eine illegale Partei, die die Verhältnisse gewaltsam verändern will. Eine Ausnahme bildet vielleicht Brechts »Kaukasischer Kreidekreis«, der der These nachhängt, daß das Recht auf Eigentum von dem Nutzen abhängig sei, der für die Allgemeinheit dabei herauskommt. Aber auch hier ist der moralische Aspekt vom politischen nicht zu trennen, was sich schon aus dem Grundgesetzpassus ergibt, daß Eigentum verpflichte. Man stelle sich vor, die Politik würde mit dieser sittlichen Maßgabe ernst machen! Wo Politik nicht mit der Wirklichkeit mitkommt, greift der Moralappell Raum, als Versuch, sie wieder in Gang zu setzen.

Richard von Weizsäcker:

Aber die »Bürgschaft« ist doch keine politische Ballade, sondern eine moralische.

Antje Vollmer:

Auch Vorbilder sollten schon geschaffen werden. Das war selbst die Auffassung von Brecht.

Friedrich Dieckmann:

Die Vorbildwirkung ist durchaus ambivalent. Viele dramatische Hauptfiguren zeigen, wie man's nicht machen soll, aber auch das keineswegs auf moralisch eindeutige Weise. Natürlich: Die »Bürgschaft« ist das Hohelied der Attentäter-Kameradschaft; wo diese sich bewährt, ist der Lohn eine Art Volksgemeinschaft zwischen Tyrann und Verschwörern; der Despot kapituliert vor der sittlichen Höhe seiner gescheiterten Mörder. Das ist eine schöne, allen Tyrannen zur Nachahmung empfohlene Geschichte; ein real existierender Tyrann hätte vermutlich beide ans Kreuz nageln lassen. In »Wilhelm Tell« gelingt das Attentat, das in der »Bürgschaft« fehlschlägt, und der Autor sympathisiert mit dem blutig geübten Widerstandsrecht, er gibt eine dramatische Rechtfertigung präventiver Notwehr. Moralisch ist das eine eher ambivalente Angelegenheit; vielleicht besteht das Genie des Autors just darin, diese moralische Komplikation zu überspielen. Aber ich will die In-Frage-Stellung nicht zu weit treiben und konzediere ohne weiteres, daß, beispielsweise, »Pretty Woman« nicht nur ein wunderschöner, sondern auch ein hochmoralischer Film ist. Es ist die Funktion des Märchens und der Komödie, das Moralische als siegreich vorzustellen; es sind im besten Sinn utopische Genres.

Ganz jenseits dieser Fragen: Niklas Luhmann hat schon 1992 in einem kurzen Aufsatz auf den inneren Widerspruch im Begriff »Soziale Marktwirtschaft« hingewiesen; er meinte, dieser Begriff bedeute vor allem, daß Löhne nicht fallen dürften, daß also der Arbeitsmarkt aus den Gesetzen der Marktkonkurrenz herausgenommen sei. Just diese Bestimmung wird jetzt unter dem Druck einer weltoffenen Konkurrenz revidiert. Das kann man moralisch bewerten, aber das hilft nicht viel.

Helmut Schmidt:

Herr Dieckmann, das Adjektiv und das Substantiv passen nicht zusammen. Gleichwohl war die soziale Marktwirtschaft ein sehr wirksamer Begriff, der dazu beigetragen hat, das Prinzip der sozialen Gerechtigkeit auch nach oben in Schichten zu transportieren, die normalerweise nicht dafür prädestiniert gewesen wären, sich das Prinzip der sozialen Gerechtigkeit zu eigen zu machen.

Friedrich Dieckmann:

Vollkommen d'accord; die Frage ist nur, wie es weitergeht. Der Verfall der Politik hängt ja damit zusammen, daß die politische Sphäre durch den Primat des Ökonomischen entmachtet wird. Sie steht hilflos vor Wirkungen, deren Ursachen außer ihrer Reichweite liegen.

Marion Dönhoff:

Helmut Schmidt hat eingangs von den Sittengesetzen gesprochen. Ich frage mich: Sind nicht die Sittengesetze von der jeweiligen philosophisch-psychologischen Situation der Gesellschaft abhängig? Der Liberalismus hat den Individualismus außerordentlich stark in den Vordergrund gestellt. Die Verantwortung für das Ganze ist in den Hintergrund geraten. Was entspricht als Sittengesetz unserer heutigen Situation?

Helmut Schmidt:

Ich weiß auch nicht, was die Väter des Grundgesetzes gemeint haben, als sie an prominenter Stelle, nämlich in Artikel 2, vom Sittengesetz gesprochen haben, so als ob es eines gäbe und jeder seinen Inhalt kennte. Vielleicht ist es ein Kompromiß, der sich aus der Entstehungsgeschichte dieses Dokuments erklären läßt.

Ich finde es schlimm, daß in der Verfassung steht, die Wahrnehmung der eigenen Rechte ist auch durch das allgemeine Sittengesetz begrenzt, wobei niemand weiß, was darunter zu verstehen ist.

Friedrich Dieckmann:

Könnte das auf den Kantschen Imperativ zielen?

Helmut Schmidt:

So kann man es interpretieren. Aber niemand kann es einem genau sagen. Als ich meinen Eid auf das Grundgesetz geschworen habe, habe ich nicht gewußt, was mit dem Sittengesetz gemeint ist, wenngleich mir natürlich klar war, was ich antworten würde, wenn ich danach gefragt würde.

Lassen Sie mich aber folgendes Beispiel aus der jüngsten deutschen Wirtschaftsgeschichte anführen: Heute vor gut einem Jahr hat Herr Hilmar Kopper, der Vorstandssprecher der Deutschen Bank, die Hauptversammlung der Daimler-Benz AG geleitet. Der damalige Vorstandsvorsitzende von Daimler trug vor: Wir machen demnächst einen Jahresgewinn von einer halben Milliarde. Ein Jahr später saß Herr Kopper wiederum der Daimler-Hauptversammlung vor. Inzwischen hatte der dortige Vorstandsvorsitzende gewechselt, und der neue Mann gab nicht eine halbe Milliarde Gewinn bekannt, sondern mehr als fünf Milliarden Verlust.

Ich frage mich, wie Herr Kopper, der eigentlich der Chefkontrolleur des Vorstands ist, so etwas mit seinem Gehorsam gegenüber dem Sittengesetz vereinbaren kann.

Friedrich Dieckmann:

Er hat es ja nicht beschworen!

Volker Hassemer:

Das klingt so wie: Wäre Herr Kopper hier, würde er argumentieren, er habe es nicht beschworen, also binde ihn das auch nicht. Weit gefehlt! Er würde uns wahrscheinlich verdeutlichen, daß er natürlich auf der Grundlage des Sittengesetzes handelt und auch immer gehandelt hat.

Richard von Weizsäcker:

Ich finde, daß die verschiedenen von Helmut Schmidt genannten Punkte zusammengehören: ein Kodex für Politiker, ein Kodex für die Wirtschaft, vielleicht auch ein Kodex für die Ärzte, schließlich auch für das Verhalten der Bürger allgemein. Der Zielpunkt muß die Person sein. Davon geht auch unsere Verfassung aus.

Zum Sittengesetz: Das Ziel der Verfassung von 1948/49 für die alte Bundesrepublik war, den Bürger in der Zukunft vor den schrecklichen Übergriffen durch den Staat zu schützen. Dazu dient der Grundrechtekatalog in den Artikeln 1 bis 19. Zugleich war man der Auffassung: Ein bißchen muß auch von unseren Überzeugungen mit einfließen. Also beginnt die Präambel mit den Worten »Im Bewußtsein seiner Verantwortung vor Gott«. In Artikel 1 wird die Würde des Menschen angesprochen. Damit ist nicht allein

ein Recht gemeint. In Artikel 2 ist die Rede vom Sittengesetz. Aber niemand weiß, was damit genau gemeint ist. Das ist eine Captatio benevolentiae in Richtung dessen, was generell mit den ersten 19 Artikeln gemeint ist: Schutz des Bürgers vor dem autoritären Staat.

Unsere Auffassung von der Welt baut sich von der Person her auf. Das ist nicht nur im Christentum so, sondern im Abendland generell ist die Einmaligkeit der Person Grund und Ziel des Handelns. Wenn wir nach Ethik und Moral fragen, müssen wir uns meiner Meinung nach daran orientieren. Ich finde die Frage von Herrn Thierse vollkommen richtig: Was kann die Person, wenn sie heranwächst, an Verhaltensweisen aufnehmen, die sich bewähren und die man als ethisch ausreichend oder als Verhaltensweisen, die sich eher schädlich auswirken, empfinden kann?

Wenn man sich mit diesen Fragen beschäftigt, kommt man automatisch zu allen Bereichen, für die Herr Schmidt Kodizes vorgeschlagen hat. Im Zuge des allmählichen Verbrauchs unserer liberalen Grundsätze für den Markt hat sich ein exzessiver Individualismus herausgebildet. Die Markttheorie ist ja nicht morallos entstanden. Bei Adam Smith und Alexis de Tocqueville war immer die Rede davon, daß der Markt nicht funktionieren kann, wenn er losgelöst ist von einem ethischen Grundgedanken. Bei der Begründung für unsere soziale Marktwirtschaft in der alten Bundesrepublik haben wir uns auf Röpke und sein berühmtestes Buch »Jenseits von Angebot und Nachfrage« berufen. Von diesen Ansichten haben wir uns befreit – je länger, desto mehr – und sind schließlich mit dem Individualismus auf den Markt vorgestoßen. Die Globalisierung hat dazu wesentlich beigetragen, obwohl sie nicht die wichtigste Ursache ist. Mit der Betonung des Marktes kommt man zu einer Gesellschaft, in der Gewinnsucht und Wettbewerb die Maximen des Handelns sind. Das wirkt ebenso wie die Politik prägend auf die Person, um die es uns eigentlich geht. Damit meine ich nicht die moralischen Fehlleistungen in der Politik, wie es sie in jedem Sektor der Gesellschaft gibt. Sie fallen bei der Politik mit Recht mehr auf, weil die Bürger Europas die Scheinwerfer auf diejenigen richten, die von ihnen gewählt wurden. Wenn solche Dinge publik werden, sind die Auswirkungen für die Betroffenen gleich sehr unangenehm. Das haben wir bei dem von Helmut Schmidt angesprochenen Versuch gesehen, eine Amnestie in Sachen Parteienfinanzierung herbeizuführen. Nachdem dieser Versuch bekannt wurde, gab es eine volle Bauchlandung.

Wir dürfen aber auch nicht die Einwirkungen des Staates auf das Verhalten des einzelnen vergessen. Was der einzelne tun muß und kann, steht in dem Regelwerk, das ihm der Staat dafür vorgibt. Ich nehme das Beispiel der von uns allen mit Sorge betrachteten Arbeitslosigkeit: Werden große Sparprogramme verabschiedet, wird – sehr zu Unrecht – behauptet, das geschehe, um die Arbeitslosigkeit bis zum Jahre 2000 zu halbieren. Davon kann aber keine Rede sein. Es ist populistische oder auf fahrlässiger Unkenntnis beruhende Propaganda. Ich verstehe nicht, warum das nicht stärker angegriffen wird.

Historisch gesehen ist vielleicht in erster Linie in Amerika – aber man darf es wohl auch für die alte Bundesrepublik in Anspruch nehmen – eine Art Arbeitsdemokratie entstanden, ein Bündnis von Marktwirtschaft, Sozialstaat und Demokratie: Der Bürger verdient durch Arbeit sowohl seinen Unterhalt als auch seine mit Leben auszufüllenden Freiheitsrechte, das heißt, sein demokratisches Bürgertum. Die Erwerbsarbeit begründete die private und die politische Existenz.

Gewiß müssen wir über die Erwerbsarbeit nachdenken und berücksichtigen, in welcher Weise sie sich weiterentwickelt. Der Staat aber muß mit seinen Maßnahmen eingreifen. Und das wird gewaltige Auswirkungen auf das Verhalten eines jeden einzelnen haben.

Auf der einen Seite ist der Sozialstaat etwas, was wir brauchen, erst recht im Zuge der Globalisierung. Ich möchte fast sagen: Die global mobile Wirtschaft, die überall gefragt ist und deshalb auch auswandern kann, könnte dies gar nicht so gut, wenn es „zu Hause" nicht sozusagen die Rückendeckung durch den Sozialstaat gäbe: Die Volkswirtschaft, bei der die Wirtschaft auswandert und das Volk zurückbleibt – und für das Volk ist die Politik zuständig –, hat wenigstens den Sozialstaat, damit die Wirtschaft auswandern kann. Gleichzeitig ist aber, auf das Verhalten des einzelnen bezogen, in einem moralisch befriedigenden Sinne das Stichwort Selbstverantwortung ganz richtig. Wo die richtige Grenze zwischen dem Sozialstaat, das heißt Übernahme von Nöten durch den Staat, und der Selbstverantwortung, das heißt Selbstwahrnehmung dieser Nöte, liegt, ist sehr schwierig festzustellen und eine Frage, die sich auf das moralische Verhalten des einzelnen entscheidend auswirkt.

Es geht bei den Politikern also nicht bloß um Korruption und Eigensucht, sondern auch um das Regelwerk, das sie schaffen, damit sich der einzelne so verhalten möge, wie man es sich wünscht. Ausgangs- und Zielpunkt sehe ich in der Person. Und die Kodizes für die Politik und andere Sektoren sind auf den Ausgangs- und den Zielpunkt zu beziehen. Ich bin also nicht dafür, isoliert Kodizes für Politiker und die anderen Sektoren der Gesellschaft zu schaffen.

Helmut Schmidt:

Frau Vollmer, Sie haben gemeint, meine Ausführungen bedeuteten ein Scherbengericht über eine ganze Generation. Ich will einräumen: Je älter jemand wird, desto größer wird die Versuchung, hoffentlich mit der Milde und nicht der Überheblichkeit des Alters auf die Jungen herunterzuschauen. Da können Sie ruhig einen großen Diskont abziehen.

Auch von Wolfgang Thierse fühlte ich mich ein wenig mißverstanden, als er sagte, meine Ausführungen beinhalteten eine totale Ablehnung der politischen Klasse. Ich wollte ins Auge springende Beispiele für die Abwesenheit einer subjektiven Über-einstimmung geben und daraus die Notwendigkeit einer Reform des Ethos ableiten. Wenn ich beauftragt würde, über die positiven Seiten der deutschen Unternehmer, Rechtsanwälte, Ärzte oder

Politiker zu sprechen, könnte ich eine ganze Menge aufzählen. Das sah ich aber nicht als meine Aufgabe an.

Ich muß allerdings zugeben, daß ich meine eigene Hoffnung eher auf diejenigen richte, die heute dreissig bis fünfunddreißig Jahre alt sind. Bei der mittleren Generation habe ich wenig Hoffnung.

Seit der »Nikomachischen Ethik« von Aristoteles gibt es eine riesige Fülle moralphilosophischer und moraltheologischer Werke. Ich glaube nicht, daß dicke Bücher irgendeinen Nutzen stiften in bezug auf ein achtzig-Millionen-Volk. Wenn mein Gedanke von Kodifizierungsversuchen auf einzelnen Feldern, bei dem ich selbst viele Zweifel habe, aufgenommen würde, könnte ich damit die Hoffnung verbinden, daß allein die öffentliche Diskussion darüber viele Menschen zum Nachdenken bewegen könnte.

Ich war begeistert, als John F. Kennedy in seiner Inaugurationsrede als Präsident seinen Landsleuten sagte: Fragt nicht, was euer Land für euch tun kann, sondern fragt, was ihr für euer Land tun könnt. Das war mir damals aus dem Herzen gesprochen. Vielleicht taucht bei uns jemand mit dieser charismatischen Ausstrahlung auf; das scheint mir allerdings nicht sehr wahrscheinlich zu sein. Deswegen mein vielleicht etwas tumber Versuch – ich zweifle selbst daran, ob er gelingt –, jüngere Menschen anzuregen, den Versuch zu unternehmen, gewisse Regeln für ihren Bereich zu kodifizieren.

Antje Vollmer:

Zu der Frage, wie eine neue Ethik und die zivilisatorischen Regeln entstehen und wer sie aufstellt, hat Norbert Elias erklärt: Das geschieht nicht durch die Ausgegrenzten, denn zu deren Privilegien gehört im allgemeinen, daß sie sich an die Regeln nicht halten müssen. Deswegen wird ihnen etwas diktiert, und wenn sie sich nicht daran halten, werden sie bestraft. Meistens versuchen sie, sich dem feinen Geflecht von Regeln zu entziehen, die einzuhalten sind, wenn man dazugehören will. Eine neue Ethik und die zivilisatorischen Regeln entstehen vielmehr durch diejenigen, die etwas werden wollen, die Karriere machen, die sich behaupten.

Befolgt werden die Regeln durch diejenigen, die dazugehören wollen. Ziel solcher Regeln ist es, gewissen sozialen Schichten optimale Überlebenschancen zu verschaffen. Die meisten zivilisatorischen Regeln sind dadurch entstanden, daß gewisse Kreise wußten: Unsere Existenz ist bedroht, wenn wir die Norm nicht einhalten, daß man sich nicht bespuckt, sich nicht bestiehlt, daß man niemanden betrügt, auch nicht den Staat und das Gemeinwesen. Diese Einsichtigkeit machte es überflüssig, die Regeln zu diktieren. Man tat es freiwillig, um so das eigene Überleben und das seiner Gruppe zu sichern. Das war der sanfte Druck, auf Grund dessen das ganz komplizierte Regelwerk überhaupt erst entstanden ist.

Gelegentlich gab es Personen, die erklärten: Ihr habt überhaupt keine Moral, ihr seid verrottet und korrupt, ihr gehört abgelöst; wir haben die besseren Regeln, die bessere Zivilisation mit anderen Kodizes. Auch der Sozialismus hat sich so entwickelt, indem er erklärte: Wir haben die besseren Überlebensregeln für die bisher Ausgegrenzten.

Heute, finde ich, stehen wir alle vor dem Problem, daß die Dazugehörigen überhaupt nicht mehr die Notwendigkeit erkennen, solche Regeln zu befolgen. Die Amoralität liegt also nicht bei den Ausgegrenzten, sondern bei denen, die dazugehören. Die Aufgabe, Regeln zu erlassen und ihre Einhaltung zu kontrollieren, wird allein dem Staat überantwortet. Das Bedrohliche ist die Einstellung, der einzelne sei klug, wenn er sich nicht an die Regeln halte, sondern zunächst einmal zusehe, seinen Nutzen zu mehren, und der Staat bzw. die Politik solle dafür sorgen, daß es überhaupt noch einige wenige Regeln gibt. Ich meine, damit wird die Politik mit einer zu großen moralischen Aufgabe befrachtet.

Die Mittwochsgesellschaft vom 11. Dezember 1996

Die ethische Krise der Marktwirtschaft

Grenzenloser Liberalismus führt zu exzessivem Individualismus

Richard v. Weizsäcker:

Unser Gespräch hat sich vor dem Hintergrund der Einsicht entwickelt, daß die Politik zur Zeit ohne Autorität und Vorbildsleistung arbeitet; daß die Art und Weise der Wirtschaft den Ruf nach einem »moralischen Kapitalismus« ausgelöst hat; daß die Medien ein Teil dieser Wirtschaft sind, die ihre Kunden, also uns alle, ihr Publikum, an ihre Werbeauftraggeber verkaufen und dabei immer mehr dazu beitragen, die Politik in Unterhaltung zu verwandeln; daß viele Menschen sich einem exzessiven Individualismus verschreiben und ihnen der Gedanke fremd geworden ist, daß etwas Gemeinsames notwendig ist. Wir waren uns einig, daß Freiheit ohne Selbstbeschränkung nicht überlebensfähig ist.

Wie erreichen wir ein Verhalten freier Menschen, die sich nach solchen Einsichten orientieren? Durch Kodizes von oben, wie Helmut Schmidt meint? Wer gibt sie? Wer würde sie respektieren? Wie können sie wirksam werden, wenn die Menschen nicht selbst sie als nützlich und hilfreich, als ihren Interessen dienend, als unentbehrlich erkennen und empfinden?

Nicht nur die demokratische Verfassung, sondern auch der Kapitalismus lebt von Voraussetzungen, die er selbst nicht schaffen kann. Beide blühen auf dem Boden des Liberalismus, und eben dieser Liberalismus ist in einer Krise. Seine Bestände an Interesse für das Gemeinsame oder für den schon ganz altertümlich wirkenden Begriff »Gemeinsinn« scheinen ziemlich erschöpft zu sein.

Erinnert wurde an die Dahrendorfschen Postulate für eine Gesellschaft wie die unsere: erstens die Wettbewerbsfähigkeit unter Bedingungen eines globalisierten und radikalen Konkurrenzsystems, zweitens die soziale Kohäsion, drittens beides unter den Bedingungen der Freiheit, freier Institutionen, ohne Zwang und ohne diktierte, erzwungene Moral.

Wie sind solche Ziele zu erreichen, im Zeichen der ökonomischen Zwänge, der wachsenden Abhängigkeit der Politik von einer globalisiert operierenden Wirtschaft, von Informationen und Kapital, die alle Grenzen überschreiten können? Wie sollen wir sie schaffen angesichts einer Politik, die zur Erkenntnis und Bewältigung der Krisen sehr viel weniger beiträgt als zur ständigen Beschwichtigung und zu ihrem Gesundbeten? Und angesichts einer Bürgerschaft, die das gewiß partiell durchschaut, kaum Vertrauen zu der Politik hat, aber ohne bisher daraus Konsequenzen für etwas Gemeinsames zu ziehen?

Unter den sofort feststellbaren besorgniserregenden Entwicklungen haben wir in erster Linie die Arbeitslosigkeit. Sie wird mutmaßlich bis zum

Jahr 2000 nicht halbiert sein, sondern sich eher vergrößern. Die Rede war in unserer Diskussion von der Jugendarbeitslosigkeit. Wenn junge Menschen ohne Perspektive arbeitslos sind, führt das zu einer immer weiteren Entfernung von Mitverantwortung – wie sollte es anders sein? – und zu Feindlichkeit gegenüber der Gesellschaft und natürlich auch gegenüber Fremden.

Wir haben dann darüber diskutiert, ob es – wie Luhmann sagt – wahr ist, daß die sogenannte »soziale Marktwirtschaft« ein Grundwiderspruch in sich selbst sei. Ich bin weniger der Überzeugung, daß das so sei. Ich glaube, daß das Soziale ein ethischer Grundbestandteil dessen ist, was die Gründungsväter unserer Marktwirtschaft von Adam Smith über Tocqueville bis Eucken und Röpke für zentral hielten, nämlich den Gedanken der sozialen Gerechtigkeit.

Wir haben in der alten Bundesrepublik in einer Art Erwerbsarbeitsdemokratie gelebt, einem Bündnis von Marktwirtschaft, Sozialstaat und Demokratie: Durch seine Arbeit erlangt der Bürger seinen Unterhalt, seine mit Leben auszufüllenden Freiheitsrechte, also sein demokratisches Bürgerdasein. Die Erwerbsarbeit ist konstitutiv für beides, für die private und für die demokratisch-politische Existenz.

Und nun wankt die Erwerbsarbeit. In zwanzig Jahren haben wir die Produktionskraft verdoppelt und die dafür benötigte Zahl von Arbeitskräften halbiert. Die Grenzen sind offen, der globale Wettbewerb lenkt die Investitionen frei in die Welt.

Wenn nach einer Umstellung gefragt wird, nach Reformen: Wie steht es mit der Reformfähigkeit in unserer Gesellschaft? Müssen wir Abschied nehmen von etwas, was Herr Barbier in der »FAZ« neulich den uns überlieferten »Sozialpatriotismus« genannt hat? Er meint damit einen Patriotismus, der auf zwei Pfeilern ruht, nämlich einerseits auf der sozialkollektiven Regelung der Kranken-, Arbeitslosen- und Rentenversicherung und andererseits auf einem Arbeitsmarkt, der durch Sozialpartner geregelt wird – oder mit anderen Worten: auf einem Arbeitsmarkt, den man nur bedingt einen Markt nennen kann, weil er das prägende Kennzeichen eines Marktes, nämlich den Wettbewerb, einschränkt oder partiell geradezu eliminiert.

Wir haben einen besonders hohen Grad von Immobilismus erreicht. Allem Reformgespräch zum Trotz überwiegt nach wie vor ein Status-quo-Denken. In manchen Teilen der Wirtschaft – und auch in manchen Medien – wird die Forderung laut, wir müßten Abschied nehmen von liebgewordenen Gewohnheiten einer Konsensgesellschaft. Konfliktbereit zu sein, sei die Voraussetzung für die Fähigkeit zu Reformen. Aber der Status quo ist im allgemeinen ein Vorteil für die Herrschenden. Die Herrschenden in einer Demokratie sind aber nicht etwa das Volk, sondern die Mehrheit. Diese Mehrheit ist bei uns zur Zeit unzufrieden und sorgenvoll, sie hat wenig Achtung vor der Politik, sie hat wenig Zuneigung zur Führung, in der privaten Wirschaft oder in den Gewerkschaften. Aber diese Mehrheit ist die Status-quo-Macht, und es geht ihr aufs Ganze gesehen recht gut. Wenn wir meinen, daß es beim Status quo nicht einfach bleiben kann: Wie ändern sich Mehrheiten? Ändern sie sich langsam, Schritt für Schritt, evolutionär? Oder vielleicht revolutionär? Wer sollten die Revolutionäre sein? Aus der Mehrheit kommen sie nicht. Kommen sie von den Unterprivilegierten, zum Beispiel den Arbeitslosen? Es geht ihnen schlecht, aber etwas besser als in der ersten Jahrhunderthälfte. Es ist zur Zeit nicht zu erkennen, daß sie auf die Barrikaden steigen. Auch sind sie nicht organisiert. Es ist überhaupt unklar, wer und ob jemand sie quasi als Interessenverband vertritt in ihren Interessen. Die Regierung, die Politik? Sie lebt primär von der Mehrheit. Die Gewerkschaften? Ihr Kampf gilt noch immer primär den Arbeitsplatzbesitzern. Dort kann es Kampfzeichen geben, die beinahe aufstandsähnlich wirken. Aber ein Zeichen von Reformfähigkeit der Gesellschaft im ganzen ist das kaum.

Kann es eine Kraft zur Reform durch Eliten geben, also durch nachdenkliche, verantwortliche Leute aus den Leitungsstellen aller Berufe, sei es, daß sie wissen, um welche Einflüsse es geht, daß sie Autorität gewinnen, die es in unserem Land fast sonst nirgends mehr gibt, sei es, daß es ihnen gelingt, eine große, lebhafte öffentliche Debatte zustande zu bringen oder jedenfalls zu fördern. Ich meine damit eine öffentliche Debatte in dem Sinn, daß genügend Menschen selbst erkennen, wie wichtig Reformen für sie selbst, für ihre Interessen, für ihr eigenes Leben sind. Und mit »Reformen« meine ich nicht so etwas wie die Steuerreform oder die Reform der Rentenversicherung oder des Gesundheitswesens und Tarifrechts, sondern eine Überprüfung unserer zivilisatorischen Regeln und Verhaltensweisen. Eben ein Quantum von ethischem Verhalten, das wir einhalten müssen, um in unserer gemeinsamen Existenz uns nicht gegenseitig immer weiter zu bedrohen.

Kodizes von oben schaffen das nach meiner Überzeugung nicht. Aber Politik oder Demokratie oder selbst Marktwirtschaft ohne einen Grundbestand von Ethik sind letzten Endes auf Sand gebaut. Das ist unser Problem, über das wir hier sprechen. Vom Staat, von der Politik kommt die Antwort nicht. Von der leidlich erfolgreichen Mehrheit kommt sie auch nicht, solange diese Mehrheit ihre Ziele im Erfolg beim materiellen Wettbewerb sieht. Aber es geht doch letzten Endes um Einsichten in die Notwendigkeit des Verhaltens der Mehrheit selbst. Einsichten, die diese Mehrheiten sich nicht aufzwingen lassen wollen, gegen die sie sich zur Zeit als Status-quo-Macht eher noch zur Wehr setzen.

Die Stichworte, mit denen zur Zeit im Namen der Mehrheit nach Reform und Ethik gerufen wird, sind uns wohl geläufig: mehr Selbstverantwortung, mehr Subsidiarität, weniger Staatsquote, Deregulierung, mehr Risikobereitschaft. Das sind gute, schöne und ja auch nicht ganz unrichtige Stichworte. Aber sie werden vorgebracht zum Schutz des Status quo. Die Ausgegrenzten bleiben damit ausgegrenzt, und den exzessiven Individualismus unserer vorherrschenden Marktmentalität mindern sie nicht.

Die Globalisierung, in deren Zeichen sich unser Markt entwickelt und in seinem Gefolge die Politik, dominiert das meiste. Sie dominiert die Wirtschaft, die Technik, die Wissenschaft, die Information, auch die Ökologie, wenn auch bei weitem noch nicht die dafür notwendigen Maßnahmen. Was am langsamsten hinterherkommt – wenn überhaupt –, ist das zivilisatorische Verhalten, ist die Ethik rund um den Globus. Sie kennen vielleicht das Buch des amerikanischen Politologen Benjamin Barber über zwei global sich ausbreitende Einflüsse auf das Verhalten der Menschen, nämlich über den globalen Kapitalismus, den er immer »McWorld« nennt, und über den Fundamentalismus. Beides, wie er ausführt, Gefahren für Freiheit und Demokratie. Der »Heilige Krieg« braucht Gläubige, »McWorld« braucht Konsumenten. Beide brauchen keine Staatsbürger. Beide verstärken ihren eigenen Einfluß. Aber wie funktioniert Demokratie ohne Staatsbürger?

Wir sind in Deutschland mit solchen Problemen nicht allein. Sie verschaffen sich überall Gehör. In Großbritannien, in Frankreich, in Polen, auch in Rußland und vor allem in den Vereinigten Staaten. Wir haben in diesem Kreis schon mehrfach über die Kommunitaristen gesprochen. Zu ihren Inspiratoren gehört Amitai Etzioni. Es sind liberale Köpfe, die diese Diskussion führen. Die freien Bürger müssen selbst verstehen, worum es geht, und entsprechend handeln. Nicht unter Angst vor staatlichen Kontrollen, nicht nur durch Gesetze oder Autoritäten genötigt, sondern einerseits durch eigene Einsicht veranlaßt und andererseits unter dem Einfluß »sanfter Püffe und Ermahnungen«, durch Verwandte, durch Freunde, Nachbarn, Kollegen und Gruppen.

Die Rolle des Staates ist nicht unwichtig, denn von ihm gehen die Rahmenbedingungen aus für die Einhaltung des ethisch verantwortlichen Verhaltens der einzelnen. Mit diesen Rahmenbedingungen soll er dieses Verhalten fördern, erleichtern, nicht erzwingen. Die Kommunitaristen nennen Beispiele aus dem Nachbarschaftsrecht, dem Familienrecht. Ehescheidungen müssen natürlich ermöglicht werden, aber nicht quasi prämiiert sein. Es gilt die Alleinerziehung zu erleichtern, aber nicht zum gesellschaftlichen Maßstab zu machen. Sozialhilfe muß gegeben werden, aber zumutbare Gegenleistungen sollen begünstigt werden. Nur eines darf nicht sein: ein durch den Gesetzgeber oder die Verwaltung erzwungenes moralisches Verhalten.

Sie suchen ein zusammenwirkendes Gleichgewicht von Individuum und Gruppe, von Rechten und Pflichten, von Markt und einer demokratischen, subsidiär dezentralisierten Bürgerschaft, von Erwerbsarbeit und sozialen Diensten.

Unser Menschenbild ist hervorgegangen aus der Antike und dem Christentum. Daraus folgt die Einmaligkeit und die Würde der Person sowie unsere Werte von seiner Freiheit, seinen Rechten. Aber es wurden daraus auch unsere Werte von den Gütern der Welt. Dabei steht im Mittelpunkt nicht eine Gemeinschaft, sondern wiederum das Individuum. Ihm sind die Güter der Welt zugeordnet. Das ist nicht anders denkbar. Aber die Individualisierung hat durchgeschlagen, zu weit und zu rücksichtslos. Wir haben unser Menschenbild exportiert. Es war eine Expansion um die ganze Welt. Diese Welt wurde für uns Europäer zum Markt, zur Rohstoffquelle und da und dort zur Müllkippe. Vom Kernpunkt, das heißt von der Person in ihrer Einmaligkeit und Würde, kommen wir nicht los, und das sollten und wollen wir auch nicht. Die letztgültige Begründung, Verständnis und Notwendigkeit von Ethik, ihre Praxis oder auch die Schuld, gegen sie zu verstoßen, liegt immer bei der Person.

Von der Grundrichtung unseres sozialen Empfindens bis hin zur Einrichtung der Sozialstaatlichkeit dürfen wir nach meiner Überzeugung auch nicht weg. Aber natürlich erst recht nicht von der Selbst- und Mitverantwortung für das Gemeinsame im Zeichen einer ethisch defizitären liberalen Gesellschaft, Selbst- und Mitverantwortung von der Nachbarschaftshilfe bis zum Zahlen von Steuern.

Daß liberale Bewegungen bei der Diskussion und bei der Suche nach der revitalisierten Ethik, der Verantwortung sich mit religiösen Fragen zurückhalten, ist verständlich und legitim. Aber der Hintergrund, die Entwicklung unserer Aufgaben braucht, wie ich meine, nicht verheimlicht zu werden. Unsere ethischen Grundwerte entstammen einem säkularisierten religiösen Menschenbild.

Etzioni, den ich hier nicht zum Heiligen erheben will, den ich in seinen Beiträgen aber doch interessant finde, hieß Werner Falk und war ein jüdischer Kölner, der auswandern mußte. Er war ein Schüler von Martin Buber. Martin Buber wiederum verdanken wir sehr zentrale Einsichten unserer Religion. Besonders packend finde ich bei ihm, wie er die Texte des Alten Testaments übersetzt. Wir sagen: Liebe deinen Nächsten wie dich selbst. Nach Buber aber steht im Alten Testament: Liebe deinen Nächsten, denn er ist wie du, also genauso egozentrisch oder schwach wie du! Du erkennst dich selbst nur in ihm. Und es ist Selbsthilfe, wenn du ihm hilfst.

Da treffen sich irgendwo liberale Aufklärung und Religion, und das ist auch notwendig. Die Religion hat, wenn man so etwas sagen darf, ohne Einsicht in die Einsichten der Aufklärung ebensowenig eine Zukunft wie die Aufklärung ohne Einsicht in die Quellen der Religion. Das weiß auch oder sollte doch wissen die liberale Marktgesellschaft, wenn sie heraus will aus ihrer ethischen Krise. Und ebendies muß sie schaffen, wenn sie ihren Abstieg in neue Autoritarismen vermeiden will.

Diskussion

Edzard Reuter:

Wenn wir über Ethik reden, sei es spezifisch für Gruppen, sei es ausgehend von der Rolle der individuellen Ethik, reden wir doch immer über Angelegenheiten der Gemeinschaft. Wenn wir aber über Angelegenheiten der Gemeinschaft reden, dann können wir den Zusammenhang zum Thema Ethik überhaupt nur finden, wenn wir als erstes sagen: Der Primat der Politik muß wiederhergestellt werden. Das ist für meine Begriffe der Kern dessen, was verlorengegangen ist.

Wir reden über Globalisierung und meinen, die Globalisierung sei schuld daran, daß diese ganze Thematik so entstanden ist. Wenn wir aber genau hinsehen, gibt es schon lange eine Globalisierung des Wirtschaftens. Das hat es schon in den zwanziger Jahren gegeben. Neu daran – und das führt unauflöslich zur Frage der Ethik – ist die völlig außer Kontrolle geratene Frage des Geldes und der Finanzwirtschaft.

Mitte der siebziger Jahre war die Menge des Geldes, die in der Welt bewegt wurde, noch identisch mit der Menge der in der Welt bewegten Waren. Heute schwirrt, verglichen mit den Warenströmen, das Tausendfache oder noch mehr an Geld um die Welt. Das heißt, Geld ist zum Selbstzweck geworden, Geld ist heute der eigentliche Gegenstand der Globalisierung. Und dahinter stehen ganz besondere Interessen von Wirtschaftsakteuren – Stichwort: die

Finanzwirtschaft. Ich scheue mich ein wenig, so etwas zu sagen, weil das fast ins Mittelalter zurückführt. Aber es ist so. Verwalter dieser irrsinnigen Geldmengen sind sogenannte Pensions- und Investitionsfonds, also Leute, die fremdes Geld jeden Tag neu anlegen und gemessen werden am erreichten Zuwachs. Dabei geht es um Milliardenbeträge, die dann einmal an der Börse in Tokio und im nächsten Moment im Unternehmen X über die Börse in Frankfurt angelegt werden, das geht von Sekunde zu Sekunde hin und her. Und dann gibt es noch die internationalen Banken, die heute nicht mehr davon leben, daß sie Kredite vergeben, wie das noch in den siebziger Jahren der Fall war, sondern von den Provisionen, die sie dafür bekommen, daß sie diese Geldmengen bewegen. Dazu gehört im übrigen auch das Hin- und Herbewegen von Firmenbeteiligungen – »Shareholder value« ist ja zu einem Lieblingswort geworden. Diese Thematik ist die eigentliche Ursache für das, was die Effekte der Globalisierung jetzt ausmachen. Ich will das nicht verteufeln. Aber bevor wir über die Ethik dieses Prozesses reden, müssen wir erst einmal verstehen, woran es liegt, daß Politik heute im wesentlichen machtlos geworden ist gegenüber solchen wirtschaftlichen Vorgängen.

Auf dem Gebiet des Geldes spielt sich heute das ab, was – im Gegensatz zu den Ansichten von Adam Smith – Friedrich August von Hayek als Marktwirtschaft verstanden hat: der absolute und knallharte Kapitalismus. Das ist bei ihm eine Philosophie und nicht irgendeine Spielregel, ein menschliches Verständnis des Individuums.

Ich bin also der Meinung – unterschiedlich zu den Ausführungen von Helmut Schmidt und auf der Linie dessen, was Richard von Weizsäcker ausgeführt hat –, es kann nicht sehr aussichtsreich sein, ethische Kodizes für alle möglichen Gruppen zu etablieren. Wir müssen erst einmal darüber reden, wie der Primat der Politik wieder etabliert werden kann. Erst dann – unter dieser Prämisse – kann es um die ethischen Kodizes für Politik gehen.

Wirtschaftsunternehmen – ich weiß, wovon ich rede, im eigenen Unternehmen habe ich das zwanzig Jahre versucht – haben Leitlinien, die ethisch begründet sind. Das funktioniert aber nicht, wenn sie nicht eingeordnet sind in ein Gemeinwesen und dann von der Politik eingeordnet werden in entsprechende Verhaltensweisen.

Egon Bahr:

Ist die Wirtschaft für die Gesellschaft da oder die Gesellschaft für die Wirtschaft? Das ist für mich die Grundfrage. Ich habe überhaupt keinen Zweifel, daß nach dem Zusammenbruch der staatlich gelenkten Wirtschaftsimperien im Osten nun der Kapitalismus, befreit von dieser Bedrohung oder Konkurrenz, in sich selbst seinen Gesetzen fast unbehindert folgt – und deshalb degeneriert. Sie sagen: Primat der Politik. Ich stelle die Frage: Muß die Wirtschaft nicht der Gesellschaft dienen? Natürlich muß sie florieren. Aber sie ist nicht der letzte Zweck der Menschheit.

Das Bismarcksche Sozialsystem war im Grunde angelegt auf die Nationalökonomie, auf das, was innerhalb eines Staates von der Wirtschaft und von den Arbeitern für einen gemeinsamen Zweck eingezahlt wird. Das ist vorbei, seit in erhöhtem Maße die Wirtschaft sich ihrer Steuerpflicht innerhalb der nationalen Einheiten entzieht, aber den Staat nicht von seinen Pflichten entlastet, das Sozialwerk aufrechtzuerhalten. Anders gesagt, der Nationalstaat verliert den Beitrag der produzierenden Wirtschaft, die ihn verlassen hat, muß aber ihre alten Lasten tragen. Das kann nicht funktionieren.

Ich vermag die Frage nicht zu beantworten, ob man die Kapitalflüsse, an denen Geld verdient wird, nicht auch steuerpflichtig machen kann. Unser Prinzip aber ist doch, daß ich Abgaben für die Gemeinschaft zahle von dem, was ich verdiene. Und hier kann ich Geld verdienen, ohne für die Gemeinschaft Abgaben zu entrichten.

Das führt mich – als Demokrat habe ich einmal gelernt, es sollte keine Macht ohne Gegenmacht geben – zur Frage der Gegenmacht: Ein Teil der Globalisierung ist ohne jede Gegenmacht. Ich weiß nicht, wer in der Lage ist, darüber nachzudenken oder dafür Regeln zu finden. Andernfalls werden die Überlegungen zur Ethik natürlich genauso notwendig bleiben, aber nicht richtig greifen, weil wir eine Reihe von Grundvoraussetzungen nicht schaffen, damit die Sache wieder beherrschbar wird.

Edzard Reuter:

Das ist natürlich längst Gegenstand der Aufmerksamkeit in verschiedenen Institutionen, zum Beispiel der G7. Dort ist dieses Problem erkannt, und zwar genau unter diesem Aspekt. Aber kein Mensch hat irgendeine Vorstellung, was geschehen soll. Es sei nur darauf hingewiesen, daß von den Geldmengen, die da bewegt werden, neunzig Prozent »Luftgeld« sind, nicht existentes Geld. Diese Geldmengen basieren nicht auf Wertschöpfung, sondern sie sind »elektronisches Geld«, irgendwelche Optionen auf irgend etwas, die gehandelt werden – mit Gewinn oder Verlust.

Wolfgang Thierse:

An dem Stichwort Steuerung von Geldströmen oder von spekulativen Gewinnen kann man das ganze Dilemma zeigen, das Edzard Reuter in die Frage nach dem Primat der Politik gekleidet hat. Jede Diskussion darüber endet immer damit, daß gesagt wird: Das geht nicht, das ist nicht praktizierbar. Ich bin nicht Fachmann genug, um dem widersprechen zu können. Ich habe nur immer den Verdacht, daß dieser Einwand formuliert wird, weil der politische Wille nicht stark genug ist, es in Wirklichkeit auch durchsetzen zu wollen.

Damit bin ich schon bei dem Punkt: Die Frage, wie kann man den Primat der Politik wiederherstellen, ist ja verwandt mit der Frage von Richard von Weizsäcker: Wer soll denn Veränderungen erzeugen und tragen? Da reagiere ich erst einmal mit einer dummen Frage und einer dummen Antwort: Wer sind denn die wirklich neuen Mächtigen in unserer Gesellschaft? Ich vermute, es sind jene Wirtschaftsberatungsfirmen – McKinsey, Roland Berger, Arthur D. Little, und wie sie alle heißen –, die in Wirtschaftsunternehmen, aber inzwischen auch schon in politische Institutionen geholt werden und Gutachten erstellen. Diese Gutachten werden dann mehr oder minder eingelöst, aber immer mit dem Effekt des Abbaus von Arbeitsplätzen. Die Ziele dieser Wirtschaftsberatungsfirmen aber und auch die Rekrutierung des Personals unterliegen keiner öffentlichen Diskussion oder Kontrolle.

Darin wird etwas deutlich, was die wirklich wichtigen Ziele in dieser Gesellschaft sind: betriebswirtschaftliche Effizienz und ein möglichst schneller Gewinn. Alle anderen Kräfte in unserer Gesellschaft unterliegen doch immer noch einer mehr oder minder wirksamen öffentlichen Kontrolle. Für diese Gurus aber gilt das nicht. Es sind meistens Herrschaften im Alter zwischen 28 und 45 Jahren – ich habe auch eine sehr präzise Vorstellung davon, wie sie aussehen: mit schwarzen Köfferchen, adrett gekleidet –, und sie personifizieren bestimmte Werte – das zitierte Stichwort »Shareholder value« war ein bezeichnender Hinweis auf das verwandte Phänomen.

Die Frage danach, wie man den Primat der Politik wiederherstellen kann, finde ich außerordentlich wichtig, weil meine Erfahrung ist, daß man sofort in den Geruch der Donquichotterie, des naiven Idealismus gerät, wenn man angesichts der tatsächlichen Globalisierung bestreitet, daß man gegenüber dieser Globalisierung sich alternativlos verhalten muß, sie nur einfach exekutiert. Sich so zu verhalten heißt, die

Globalisierung, die eine Realität ist, zugleich zu einem Totschlagargument zu machen, durch das Politik immer nur zum Vollzug von tatsächlichen oder vermeintlichen ökonomischen Sachzwängen wird – übrigens immer ein Argument zum Abbau von Sozialstaat und Abbau auch von ökologischen Verpflichtungen.

Deswegen sage ich: Der Primat der Politik hängt davon ab, ob es uns gelingt, wieder Ziele zu gewinnen, die selber nicht ökonomischer oder betriebswirtschaftlicher Natur sind. Das scheint mir gegenwärtig nämlich die Grundstimmung zu sein: Alles, was sich nicht rechtfertigen kann vor dem ökonomischen Zwang, der das Namenskleid »Globalisierung« bekommen hat, ist lächerlich, absurd, leichtsinnig und wirkungslos. Wir müssen es schaffen, eine öffentliche Debatte darüber zu führen, worin die Risiken, die Gefahren, aber auch die Chancen von Globalisierung liegen. Zur Globalisierung gehört dabei auch die internationale Arbeitsteilung wie auch die Überwindung von Entfernungen durch Informationstechnologien.

Gegenwärtig sind wir in einer Situation, in der von der Politik unablässig verlangt wird – und in Deutschland scheint mir das besonders dramatisch zu sein –, Erfüllungsgehilfe solcher Sachzwänge zu sein. Nur ein kleines Beispiel: Es ist ein interessanter Zwist, der in Singapur stattfindet. Die USA fordern internationale Sozialstandards. Man kann darüber streiten, aber es ist eine Antwort auf die Internationalisierung ökonomischer Prozesse, daß man sagt, wir brauchen auch eine Internationalisierung von

Sozialpolitik. Der Bundeswirtschaftsminister aber äußert dazu nicht nur seine Skepsis, sondern er tut auch überhaupt nichts, um dieses höchst sinnvolle amerikanische Anliegen zu unterstützen. Im Gegenteil, er sagt, der Markt muß laufen; Globalisierung heißt, die ökonomischen Prozesse laufen zu lassen und mit möglichst wenig Politik zu stören.

Wenn es gelingt, eine öffentliche Debatte darüber wieder in Gang zu setzen, stimme ich dem zu, was Edzard Reuter gesagt hat, daß wir auch gegenüber der Globalisierung und ihren scheinbaren oder tatsächlichen Zwängen – härtere Konkurrenz – politisch unterschiedlich reagieren können. Nur wenn es Alternativen gibt, gibt es auch Politik. Das ist eine Voraussetzung, auch angesichts veränderter weltweiter Konkurrenzbedingungen, über die Ziele wirtschaftlicher Tätigkeit öffentlich zu debattieren – und in dieser Diskussion auch über Ethos und Moral reden zu können.

Antje Vollmer:

Ich habe die Diskussion so verstanden, daß das Unethische des gegenwärtigen Prozesses nicht nur in den fehlenden Regeln liegt, sondern auch darin, daß es keine Kontrollinstanz, also keine Gegenmacht gibt, die im Falle einer Einigung in der Lage wäre, diese durchzusetzen. Es gibt eben nicht die Weltsteuer auf Wertschöpfung durch Spekulation.

Ich finde es sehr wichtig, nicht über diese irrsinnigen neuen Globalisierungsweltrātsel lange zu reflektieren, sondern darauf zu sehen, daß es auch Bereiche gibt, die gar nicht globalisiert sind. Vielleicht könnte man den Aufbau von Werten von dieser anderen Seite her anfangen und wenigstens in den nicht globalisierten Bereichen daran arbeiten, wieder zu einem Verhalten nach ethischen Normen und Werten zu kommen.

Kein Mensch lebt in einer globalisierten Familie, kein Mensch lebt in einer globalisierten Kommune. Auch der öffentliche Dienst ist nicht globalisiert. Und den Agrarmarkt zu globalisieren, ist der größte ökologische und ökonomische Unsinn. Auch das Handwerk ist nicht globalisiert. Alle diese Bereiche aber haben im Moment unter dem Werteverfall zu leiden.

An diesem Punkt setzen meines Erachtens die Kommunitaristen ein, indem sie sich gerade nicht am Welträtsel »Globalisierung« die Stirn zermartern, sondern in den nicht globalisierten Bereichen dafür sorgen, daß man wieder ein bestimmtes soziales Verhalten einübt, daß man es wieder normal findet, vor Ort Steuern zu bezahlen und anderes mehr.

Richard v. Weizsäcker:

Herr Reuter, wo fällt Ihre Forderung nach Wiederherstellung des Primats der Politik zusammen mit unserer schlichten Frage nach einem ethischen Minimum, von dem ich finde, daß es an der Person anknüpfen muß und nicht gleich an der bisher gar nicht vorhandenen Gesetzgebungskompetenz der G7?

Da und dort hängt es wahrscheinlich zusammen, da und dort aber auch nicht. Herr Thierse hat die

WTO-Tagung in Singapur angesprochen. Da hängt es miteinander zusammen. Die Frage, ob siebenjährige Kinder ausgenutzt werden dürfen in einer Form, die unseren Vorstellungen ins Gesicht schlägt, spielt nun in einer globalisierten Marktorganisation mit Regelungskompetenz eine große Rolle.

Insgesamt bin ich gegenüber dem Stichwort »Primat der Politik wiederherstellen« ein bißchen skeptisch. Ich weiß gar nicht, wie das funktioniert, schon in der Demokratie eines Landes und erst recht international oder gar global. Es braucht ja nicht die extremen Formen anzunehmen, unter denen wir zur Zeit leben, wo die Politik faktisch keinen wirklich fühlbaren Einfluß auf das Handeln der Wirtschaft hat. Was heißt heute Volkswirtschaft? Die Wirtschaft wandert aus, und das Volk bleibt zurück. Für das Volk ist die Politik zuständig. Die aber steht da mit dickem Kopf und kleinem Hut, weil sie von der Wirtschaft die notwendige Hilfe nicht bekommt. Die Steuern, die zu Hause gebraucht werden, verdampfen irgendwo in der Welt.

Natürlich muß etwas geschehen mit der Politik. Sie muß heraus aus dieser ewigen Beanspruchung der Leistungskompetenz, die sie nicht hat, weg von diesem unaufhörlichen Gesundbeten, das sie kennzeichnet. Aber »Primat der Politik« klingt so, als ob wir es nur herzustellen bräuchten, und dann wäre die Welt wieder in Ordnung.

Wenn wir aber soweit kommen sollten, wie Sie es andeuten, daß man zum Beispiel auf dem Wege über die ausgetauschten Einsichten auf dem G7-Gipfel sich doch ernsthaft Gedanken darüber macht, wie man diese »Kapitalluftblasen« dort versteuern kann, wo sie zu gewaltigen Gewinnen führen, wäre das ein großer Fortschritt.

Ich war gerade in Moskau. Dort steht man unter dem Eindruck einer Entwicklung, die man folgendermaßen beschreiben kann: Zunächst einmal wird der ganze Reichtum der Sowjetunion in lauter Anteilscheine aufgeteilt, die an die Bevölkerung verschenkt werden. Die Bevölkerung will schnell einen kleinen Verdienst machen und verkauft sie an große Aufkäufer. Und diese großen Aufkäufer reisen mit diesen Scheinen in der ganzen Welt herum und machen mit Hilfe des russischen Grund und Bodens oder der russischen Werte die gewaltigsten Vermögen.

Gewiß muß die Politik lernen, hier mit Energie einzugreifen, wenngleich ich das Wort »Primat« ein bißchen zu weit gegriffen finde. Daneben bleiben die ethischen Verhaltensprobleme übrig. An der Frage des ethischen Verhaltens des einzelnen im Sinne dessen, was ich von Martin Buber ableite, kommen wir doch nicht vorbei, auch nicht durch unsere Erörterungen über die Wiederherstellung des Primats der Politik. Ich finde schon, daß wir beides behandeln müssen, auf der einen Seite die Hilfe der Politik für die Rahmenbedingungen und innerhalb der Rahmenbedingungen die Frage nach dem ethischen Verhalten. Letzten Endes ist die Politik doch weitgehend darauf angewiesen, das Verhalten der Wirtschaft hinzunehmen, und die Wirtschaft ist weitgehend darauf angewiesen, das Verhalten der Menschen, ihrer Kunden, hinzunehmen. Wie dieses Verhalten aussieht und wie man es kommunitaristisch oder auf andere Weise beeinflussen kann, bleibt nach wie vor ein Hebel auf die Wirtschaft und auf diesem Wege dann auch auf die Politik.

Wolf Lepenies:

Mir ist unklar, ob und in welcher Form die beschriebenen Finanzströme wirklich besteuerungsfähig sind. Wenn sie besteuerungsfähig wären, könnte man über eine »Weltsozialpolitik« nachdenken, die sich daraus eventuell finanzieren ließe. Mich würde zunächst aber die Ausgangsfrage interessieren: Wie steht es überhaupt mit der Besteuerungsfähigkeit – vor allem, wenn es sich in einem bestimmten Sinne gar nicht um Wertschöpfung handelt?

Auch im Bereich der elektronischen Medien stellt sich die Frage der Kontrollierbarkeit. Aber sie ist nicht leicht zu beantworten. Auf der einen Seite wünschte man sich eine Kontrollmöglichkeit – auf der anderen Seite führt gerade die Unkontrollierbarkeit zu durchaus erwünschten Folgen, die etwa Demokratisierungsschübe in autoritären Gesellschaften betreffen. Selbst wenn uns eine Kontrolle technisch möglich wäre, bleibt die Frage, ob wir sie uns politisch wünschen sollten.

Es gibt – um ein anderes Thema aufzugreifen – nicht nur einen Funktionsverlust der Politik. Es gibt auch einen Funktionsverlust der Wissenschaft. Ich denke an weite Teile der Wirtschaftswissenschaften, in denen die drängenden Probleme der Makroökonomie zugunsten von Modellspielereien vernachlässigt werden. In Amerika haben Umfragen unter

Absolventen des Faches gezeigt, wie nachdrücklich Studenten ein Verlangen nach Wirklichkeitsnähe ausgetrieben wird.

Die Politik leidet unter einem starken Funktionsverlust – und die Ökonomie müßte sich wieder auf die Suche nach Wirklichkeit begeben.

Volker Hassemer:

Ich bin im Gegenteil überzeugt, daß eines unserer großen Probleme ist, daß Politik zuviel macht. Es mag Gebiete geben, wo Politik Verantwortung übernehmen müßte, dies aber noch nicht verstanden hat. Das ist für mich aber kein Widerspruch zu meiner Grundanalyse, daß sich Politik hoffnungslos übernimmt und die Probleme nicht löst, mit denen sie sich zu beschäftigen hat.

Richard v. Weizsäcker:

Ich behaupte nicht, daß die Politik sich übernimmt, ich behaupte, daß sie sich unternimmt. Sie behauptet unaufhörlich, dies und jenes zu können, und gibt immer vor, das alles zu machen. Aber es ist kaum die Rede davon.

Volker Hassemer:

Sie besetzt Regelungsfelder der Gesellschaft, ohne wirklich Lösungen zu produzieren, nimmt damit anderen die moralische Verpflichtung, sich auf diesen Feldern zu bewegen, läßt den Eindruck entstehen, die Dinge wären bei ihr schon in guten Händen, und wird dann kritisiert, daß sie sie doch nicht löst. Das ist ein Circulus vitiosus der schlimmen Art.

Ich bin nicht der Meinung, daß unsere Annahme stimmt, daß nur Geld und Karriere und damit Wirtschaft die Werte bestimmen. Das ist nicht wahr. Leute, die jünger sind als wir, verhalten sich gar nicht so. Sie sind ansprechbar auf Themen wie Liebe, Freundschaft, Gemeinschaft, wie Ruhe oder Zuneigung. Die Tatsache, daß bei uns wirtschaftliche Kriterien die Situation der Gesellschaft bestimmen, trifft keineswegs auf eine Disposition der Jugendlichen.

Edzard Reuter:

Ich bin fest davon überzeugt, daß bei den Individuen dieser Gesellschaft kein wesentlicher Handlungsbedarf besteht, was die Zementierung oder Etablierung von ethischen Grundsätzen angeht. Ich bin ganz sicher, daß in einem großen Teil – es war in der Gesellschaft noch nie anders – von jungen Menschen heute nicht nur ein Bedarf dafür da ist, sondern nach ethischen Maßstäben gehandelt wird, direkt danach gesucht wird. Das Ausmaß dessen, was in Vereinen, in der Altenpflege, in Gemeinschaftsveranstaltungen geschieht, ist erstaunlich.

Ich wollte das Problem ansprechen, daß die jungen Leute, die dieses Bedürfnis haben, nur etwas noch brauchen – und danach suchen sie –: eine glaubhafte Führung, die diese Grundsätze auch wirklich in der Gesellschaft vorführt. Das ist das Thema, was für meine Begriffe überhaupt nur lösbar ist, wenn wir darauf Wert legen, daß die Politik – ich habe den Ausdruck »Primat« verwandt – wieder die ihr zukommende Rolle spielen kann.

Frau Vollmer, was heutzutage in der Wirtschaft geschieht, ist absolut legal. Natürlich gibt es auch kriminelles Verhalten, darüber brauchen wir nicht zu reden. Daß die Unternehmen in Deutschland heute weniger Steuern zahlen, ist aber legal, ist absolut in Ordnung.

Richard v. Weizsäcker:

Es ist legal, aber nicht legitim. Es ist eben nicht in Ordnung.

Edzard Reuter:

Das führt aber wieder dahin, daß das Problem wirklich bei der Frage liegt: Wie können wir es so gestalten, daß es »in Ordnung« ist?

Ich will das an einem Beispiel belegen. Vor wenigen Jahren gab es in Mexiko eine große Krise. Mexiko wäre zusammengebrochen, und zwar mit völlig unüberschaubaren Konsequenzen für das gesamte Finanzsystem der Welt, wenn nicht über Nacht der Internationale Währungsfonds zusammen mit Herrn Clinton beschlossen hätte, den Mexikanern achtzig Milliarden Dollar zu schenken. Diese achtzig Milliarden Dollar hat keine politische Instanz dieser Welt je abgesegnet. Es gibt keine Verantwortung dafür. Das ist am Kongreß vorbei geschehen, und der Internationale Währungsfonds hat Gremien, die das drei Jahre später absegnen. Wenn das nicht geschehen wäre, hätte es eine Weltkatastrophe gegeben, davon bin ich fest überzeugt. Und eine solche Katastrophe kann jeden Tag geschehen.

Antje Vollmer:

Was wäre die Weltkatastrophe gewesen?

Edzard Reuter:

Es hätte eine Kettenreaktion gegeben, es wären Banken zusammengebrochen. Das ist ja der Grund, weshalb der Weltwährungsfonds eingesprungen ist.

Das heißt, dieser große internationale Crash kann jeden Tag geschehen. Und das wissen und spüren die Menschen auf der Straße, daß sie abhängig sind von Dingen, die für sie nicht mehr nachvollziehbar sind. Das aber meine ich: Politik muß wieder sichtbar werden. Und nur, wenn sie sichtbar ist, können wir ethische Maßstäbe dafür durchsetzen. Das Problem ist nicht der vielberufene Hedonismus der »Kids«, die in die Disco gehen.

Wolf Lepenies:

Können Sie die Frage nach der Besteuerungsfähigkeit beantworten?

Edzard Reuter:

Ich weiß es nicht. Aber es wird in der G7 intensiv darüber nachgedacht, ob man so ein System tatsächlich erfinden und auch durchsetzen kann. Dabei wird auch über andere Instrumente nachgedacht; das müssen nicht Steuern sein.

Im übrigen, Herr Thierse, das Thema WTO und Singapur mit den Clintonschen Anforderungen: Ich bin nicht so sicher, ob der Clintonsche Sozialstandard für die Welt so heilsam wäre. Wir müssen da gar nicht nach Singapur gucken. Wir haben innerhalb der Europäischen Union zur Zeit eine Riesenauseinandersetzung, ob es eine Sozialcharta geben soll oder nicht.

Wolfgang Thierse:

Das weiß ich. Und die deutsche Bundesregierung vor allem und fast allein verhindert sie.

Marion Dönhoff:

Die Frage nach dem Primat der Politik ist im Grunde durch die Realität bereits erledigt. Edzard Reuter hat das am Beispiel der Finanzströme selbst beschrieben. Richard von Weizsäcker sagt dazu, die Wirtschaft wandert aus, und das Volk bleibt hier. Wer will daran durch autoritäre Maßnahmen – Steuern oder was auch immer – etwas ändern?

Reinhard Höppner:

Ich erinnere mich daran, daß wir, als wir noch getrennt waren und Ost-West-Begegnungen hatten, über das Thema »Kapitalismus und Sozialismus« oft diskutiert haben. Dabei hatten wir einen Staat vor Augen, in dem es den Primat der Politik, wenn ich das einmal so sagen darf, in einem extremen Maße gegeben hat. Ich habe damals immer gesagt: Was mich an dem, was ich an Kapitalismus beobachte, ängstigt, ist genau die Tatsache, daß möglicherweise die Politik ihre Gestaltungsfähigkeit gegenüber den Wirtschaftskräften – das ist hier global auch mit den Finanzströmen beschrieben worden – verlieren könnte. Das wäre für mich der Punkt. Nicht den Sozialismus will ich, aber eine Gesellschaft, in der die Politik eine Gestaltungskraft hat. Und die Frage, ob sie die noch hat, drängt sich mir immer mehr auf. Dabei ist mir in Erinnerung, daß wir bei unserem Umbruch – was wir als die »Wende« bezeichnen – vielleicht aus dem Abstand heraus durchaus den Eindruck hatten, daß da die Politik erheblich gestaltet hat. Aber mir ist andererseits auch aus dem Osten immer der Vorwurf genannt worden: Ihr könnt das doch nicht alles so schnell machen! Darauf habe ich immer geantwortet: Da ist ein Staudamm gebrochen, und wenn jetzt Leute dastehen und sagen, ihr müßt das Wasser langsamer aus dem Staudamm ablassen, sonst überschwemmt die ganze Landschaft, dann ist das eine Auskunft, die uns nichts nützt, wenn der Staudamm schon gebrochen ist; schleppt lieber Sandsäcke an, damit nicht die ganze

Landschaft überschwemmt wird, denn dann müssen wir hinterher sehen, wie wir die Erde wieder bebaubar machen.

Ich habe »Primat der Politik« nicht so verstanden, daß die Politik die oberste Macht ist, die alles gestaltet. Vielmehr muß sie ein Stück Gegenmacht sein zu dem, was sich etwa in der Wirtschaft sonst unkontrolliert ausbreitet. Wenn das in der Richtung verstanden wird, kann ich dem sofort zustimmen.

Herr von Weizsäcker, Sie haben gefragt, wo denn die Reformer sind, also diejenigen, die Veränderung vorantreiben und natürlich auch sich selber verändern können. Ich erlebe im Moment Reformunfähigkeit, Angst vor Veränderung, was auch immer bedeutet Angst vor einer unbekannten Zukunft. Die Menschen empfinden in ihrem Innersten, daß es Vorgänge gibt, die sie nicht verstehen, die sie nicht beeinflussen können und die auch die Politiker nicht beeinflussen können – deren Gesundbeten wird nicht geglaubt –, und weil sie dieses Unbekannte, die Zukunft Bedrohende so ängstigt, sind sie nicht mehr in der Lage, die einfachsten Schritte zu lernen. Deswegen kommen wir auch bei den kleinen ethischen Dingen so schlecht voran, weil diese tiefen Ängste die Menschen immer wieder blockieren. Man könnte das auch mit der Aussage charakterisieren: »Es hat doch alles sowieso keinen Zweck.« Wir müßten Wege finden, die Ängste auszusprechen, ohne daß die Lähmung noch größer wird.

Egon Bahr:

Das, worüber wir reden, berührt den Globus insofern wenig, als es die Probleme der Industriegesellschaften und der Industrieländer sind. Und was Wolfgang Thierse mit der Sozialcharta ansprach, wird von den Entwicklungsländern dahingehend beantwortet, daß nun die Industrieländer ihnen auch noch ihren Vorteil nehmen wollen, mit billigen Löhnen Investitionen anzulocken, die ihnen sozusagen ein »Nachziehen« gestatten.

Noch einmal zu dem, was ich genannt habe: Die Wirtschaft soll der Gesellschaft dienen und nicht umgekehrt. Oder wenn man es in die Formel des Primats der Politik kleiden will und fragt, was dann die politische Aufgabe ist, dann weise ich darauf hin, daß wir gerade ein phantastisches Beispiel dafür erlebt haben, wie es nicht sein soll: beim Thema Lohnfortzahlung im Krankheitsfall. Ich höre dazu, daß die CDU/CSU-Fraktion unwillig ist über die Wirtschaft, die die ihr gemachte Vorgabe nicht genutzt hat. Das aber ist doch das eigentlich ungeheuerliche Eingeständnis, daß die Politik der Wirtschaft gedient hat und nicht der Gesellschaft. Denn wenn sie der Gesellschaft gedient hätte, hätte sie nicht eine solche »Vorlage« zugunsten der Wirtschaft machen dürfen. Die Frage des Primats der Politik ist also die Frage: Wem ist eigentlich die Politik verpflichtet, was sind ihre Ziele, was sind ihre Prioritäten, ihre Entscheidungskriterien? Sie dürfen eben nicht nur zugunsten der Wirtschaft sein.

Wenn wir über die Globalisierung gesprochen haben, über die Kapitalflüsse – man könnte das Thema Europa hinzufügen –, dann ist meine Überlegung: Was ist eigentlich innerhalb des Nationalstaates noch zu tun? Wo könnte man ansetzen mit der Frage ethischer Grundsätze oder ethischer Prinzipien, die man im Nationalstaat noch sichtbar machen kann, innerhalb des Rahmens, der uns noch gegeben ist? Und dann würde ich die Frage von Herrn von Weizsäcker so beantworten: Ich kann das natürlich mit Autorität machen, wenn ich sie finde. Wenn nicht, muß ich es durch öffentliche Debatte versuchen. Ich sehe überhaupt keine andere Möglichkeit. Wenn die öffentliche Debatte dann unterstützt wird durch Menschen, die Autorität haben oder einen guten Namen, ist es noch besser. Aber die Debatte wird das einzige Vehikel sein, das ich erkennen kann, das unsere Spielräume im nationalen Rahmen noch unterstützen oder sichtbar machen kann.

Wolfgang Thierse:

Eine Bemerkung vorweg, damit wir uns beim Stichwort »Weltsozialpolitik« nicht mißverstehen: Das Sozialstaatsprinzip ist das Prinzip der Intervention um des sozialen Ausgleichs willen. Der Markt produziert Ungleichheit. Um dieses auszugleichen, gibt es die unterschiedlichen Instrumentarien des Sozialstaats. Das aber wird nationalstaatlich nicht vollends durchzuhalten sein, wenn wir nicht sozusagen internationale Entsprechungen finden.

Nun zu der Pointe des Vortrags von Richard von

Weizsäcker, daß der ethische Minimalkonsens ansetzen müsse bei den Individuen und in den Nahbereichen, in denen sie agieren. Das war ja mein Einwand das letzte Mal gegen Helmut Schmidt, daß ich nicht meine, daß die von ihm erwähnten Kodizes von oben zu dekretieren wären. Der wichtigste Einwand ist das Verblassen der Geltung und Wirksamkeit von Traditionen.

Unter dem Titel »Philosophie und Politik« wurde im Berliner Willy-Brandt-Haus kürzlich zum Thema Kommunitarismus diskutiert. Dabei gab es zwischen Michael Walzer und Seyla Benhabib eine interessante Differenz. Seyla Benhabib hat nämlich den Akzent darauf gelegt, daß es nicht nur die individuellen Leistungen und Tugenden sein können, auf denen unser Zusammenhalt ruht, sondern daß es strukturelle, institutionalisierte Gerechtigkeit sein muß. Und das ist genau der Punkt, der für mich wichtig ist: Eine Politik der Gerechtigkeit ist offensichtlich eine der Voraussetzungen für die ständige Vitalisierung von solidarischem Verhalten.

Das meine ich damit, daß Politik, die solidarisches Verhalten dementiert, entsolidarisierende Wirkungen hat, und das gibt schon den wirklichen Zusammenhang her zu dem, was bei den Individuen anzusiedeln wäre, in den Nahbereichen, also zu dem ethischen Konsens, der sich von unten aufbauen muß. Auf der anderen Seite aber muß dem ein öffentliches Verhalten von Politik entsprechen, muß die öffentliche Kritik und Debatte der Werte stattfinden, die sich indirekt, subkutan, aber immer durchsetzt über die Massenmedien. Und wir brauchen weiterhin eine immer wieder neu begründete Kritik des Marktes. Wenn diese Kritik schwächer wird, dann wird auch die soziale Marktwirtschaft nicht mehr zu halten sein.

Antje Vollmer:

Wenn ich Sie richtig verstanden habe, sagen Sie, der einzelne an sich würde sich ethisch verhalten, da ist sehr viel Substanz, aber dieses Sintflutgefühl: »Über mein Leben bestimmen Mächte, die keiner Berechnung, keiner Kontrolle, keiner Moralität mehr gehorchen und die mir jederzeit jeden Existenzboden unter den Füßen wegziehen können« weckt bei den Leuten ein solches Gefühl von Ohnmacht, daß die Antwort darauf nur noch lautet: Rette sich, wer kann! Und dann ist alles erlaubt. Das aber hieße auch, daß das ohnmächtige Individuum tendenziell zur Amoralität neigt und daß alles, was man an Regeln aufgebaut hat, außer Kraft gesetzt wird.

Unsere Aufgabe aber ist es doch zu sagen, es lohnt sich trotzdem. Und es schafft auch eine relative Haltbarkeit der Welt, der politischen Ordnung und der zivilisatorischen Regeln; es ist trotzdem sinnvoll, Steuern zu zahlen, es ist trotzdem sinnvoll, sich vernünftig zu verhalten zwischen Gewerkschaften und Arbeitnehmern, es ist trotzdem sinnvoll, nicht mit der Keule aufeinander einzuschlagen.

Wir müssen sagen, wo wir unsere Aufgabe sehen: Beschreiben wir das, was Sie sagen, möglichst genau und präzise? Verstehen wir uns letztendlich als kleine Gruppe, die in ihrem eigenen Kopf vordenkt, was die

G7 eines Tages als Regelwerk verabschieden könnte, um ihnen zu helfen, daß sie das auch durchsetzen können? Oder setzen wir – wie Kommunitaristen – an dieser anderen Ebene an und sagen den Menschen: »Entschuldigt euch nicht immer damit, daß die großen Geldströme fließen, sondern verhaltet euch in eurem Bereich korrekt«?

Richard v. Weizsäcker:

Herr Reuter, inzwischen habe ich besser verstanden, warum Sie zunächst einmal mit soviel Emphase für die Wiederherstellung des Primats der Politik plädiert haben. Sie haben dann nämlich für mich sehr verständlich begründet, daß und warum diese Politikkorrekturen oder diese stärkeren Anforderungen an die Politik etwas mit dem Thema zentral zu tun haben, was für mich im wesentlichen die Frage nach dem ethischen Minimum im Verhalten der Personen ist. Das sollte nur nicht – und so muß ich Sie wohl auch nicht verstehen – zu der Schlußfolgerung veranlassen zu sagen: Wenn wir erreicht haben, daß die Politik nicht immerfort dementiert, was an guten Ansätzen unter den Menschen anzutreffen ist, dann haben wir das Problem gelöst.

Wenn ich Antje Vollmer richtig verstehe, hat doch jede Ebene ihre Aufgabe zu lösen. Wir haben schon darüber gesprochen, was die Wirtschaft tut oder auch nicht tut, insbesondere wenn sie keine Steuern bei uns bezahlt. Das ist legal, auch wenn es für das Zusammenleben nicht in Ordnung ist, ohne daß man deswegen der Wirtschaft die Schuld zuschieben kann. Sich in dem Zusammenhang auf Hayek zu berufen, ist vielleicht nicht ganz legitim. Hayek hat seine Thesen zu einem Zeitpunkt entworfen, zu dem die Fragestellungen etwas anders waren als die, vor denen wir heute stehen. Aber die Wirtschaft betätigt sich am Markt. Und niemand von uns kann ihr vorwerfen, daß sie die Vergünstigungen, die ihr die Politik bereiten will, nicht zur Schaffung von Arbeitsplätzen in Deutschland verwendet, sondern dort investiert, wo es der Markt ihr nahelegt. Gleichwohl ist sie an dem Thema, über das wir reden, beteiligt. Und interessieren muß es sie auch, wenn wir sagen, das ist zwar legal, aber nicht in Ordnung.

Die Diskussion über den Bereich der Wissenschaft müßten wir noch etwas vertiefen. Ich finde auch, daß die Wissenschaft in einer geradezu fabelhaften Heiligkeit sich an unseren Fragen als unbeteiligt erklärt. Mir geht es also nach all diesen Worten über die Ebenen der Wirtschaft, der Wissenschaft und der Politik doch sehr stark um das Verhalten der normalen Personen, die wir vorzugsweise in der Mehrheit vorfinden. Hat es denn in unserer Geschichte nie Phasen gegeben, von denen wir sagen könnten, der normale Mensch hat sich eigentlich mit einem ethischen Minimum ganz vernünftig verhalten? Sind das wirklich nur die Folgen von fünfzig Jahren Frieden? Oder sind das sozusagen Spenglersche Wellen, die wir durchleben müssen? Haben wir keine Ansatzpunkte in unserer Geschichte, die uns hier Erkenntnisse verschaffen?

Wolfgang Thierse:

Ich ergebe mich allmählich in mein Schicksal und rede inzwischen auch als Politiker. Gerade als solcher aber sage ich: Ja, natürlich geht es um die Stärkung der ethischen Kraft des einzelnen. Und natürlich haben wir recht zu sagen, der einzelne hat nicht immerfort irgendwelche anderen als Ausrede zu benutzen.

Guiseppe Vita:

Sprechen wir von einer Ethik, die nur in Deutschland oder in Europa Gültigkeit hat, oder sprechen wir von einer Ethik, die eine viel größere Bedeutung, eine Weltbedeutung haben muß? Und gibt es eine solche Ethik, die weltweit Geltung haben kann? Ist Ethik nicht ein Prozeß, der in den verschiedenen Jahrhunderten eine jeweils andere Bedeutung haben kann und in dem jeder Teil der Erde heute eine andere Stufe erreicht hat? Dann aber ist das, was für uns gültig ist, nicht unbedingt auch gültig für Menschen in China, in Afrika, in Indien oder in Lateinamerika.

Ich bin auch der Meinung, jede Ebene muß ihren Teil leisten. Dabei hat die Wirtschaft eine einzige Aufgabe: den Reichtum zu vermehren. Was dann mit diesem Mehrwert geschieht – etwa über Steuern oder Investitionen –, ist ein anderes Thema. Es ist die Pflicht eines Wirtschaftsunternehmens, den Mehrwert zu erhöhen, und dazu muß es sich in der Konkurrenz der gesamten Welt behaupten. Wir sprechen über die Arbeitslosigkeit, weil es bei uns mehr

Arbeitslose gibt. Und warum ist das so? Weil ein Teil unseres Lebensstandards nach dem Fall der Mauer langsam in Richtung der ärmeren Teile dieser Welt gegangen ist.

Wir kaufen Textilien, die nicht mehr in Europa produziert werden. Und wir sind der Meinung, daß siebenjährige Kinder bei der Produktion dieser Textilien nicht mitarbeiten dürfen. Aber ist das richtig, wenn das Kind keine andere Alternative hat? Aus unserer ethischen Sicht ist das nicht vertretbar, aber wie ist es für das Kind, wenn es keine andere Alternative hat, als zu verhungern? Wenn wir nicht bereit sind, einen Teil unseres Lebensstandards für diese ärmeren Menschen zu opfern, ist das langfristig ein europäischer Egoismus oder ein Egoismus der industrialisierten Länder. Wenn wir weiterkommen wollen, müssen wir jedoch an eine Ethik denken, die nicht nur in unserer heutigen Gesellschaft in Europa oder in Deutschland Geltung hat.

Edzard Reuter:

Ich weiß auch, daß der Ethos des Konfuzianismus oder des Islam nicht derselbe ist. Ich glaube aber schon, daß es mindestens für unsere westlichen Länder einen dringenden Bedarf gibt für eine Politik, die einen Rahmen vorgeben kann, der ethisch begründet ist. Sonst ist sie nicht durchsetzbar.

Die Mittwochsgesellschaft vom 21. Februar 1997

Nicht Moral – Gerechtigkeit ist das Thema

Wolf Lepenies:

Die Trennung der Politik von der Ökonomie ist das Kernproblem unserer Zeit. Wir brauchen einen neuen Max Weber: Wirtschaft und Gesellschaft. Wir müssen uns an Adam Smith erinnern, der nicht nur den »Wealth of Nations« schrieb, sondern auch die »Theory of Moral Sentiments«. Wir brauchen einen neuen Marx. Sein Hauptwerk hieße heute nicht mehr »Das Kapital« und hätte auch einen anderen Untertitel. Es hieße: »Der Geldmarkt. Kritik der unpolitischen Ökonomie«.

Neben der Gefahr des abwiegelnden Denkens besteht heute aber auch die Gefahr der Dramatisierung an falscher Stelle. Wir können uns den Fall großer Reiche oder den revolutionären Wandel von Gesellschaftsordnungen nicht ohne Dekadenzverdacht erklären. So ist es auch heute: Die Industriegesellschaft scheint am Ende. Also muß sie im Kern verrottet sein. Unser Denken scheint so programmiert, daß wir das, was strukturell veraltet ist, moralisch für schlecht halten müssen. Hieraus bezieht heute nicht zuletzt der Kommunitarismus seine große Anziehungskraft.

Krisenhafte Interpretationen der Moderne und der Industriegesellschaft haben nicht zuletzt aufgrund ihres unmittelbaren Evidenzgehaltes Konjunktur. Die amtliche Statistik scheint nicht zuletzt die wachsende Krisenhaftigkeit privater Beziehungen zu bestätigen: Die Scheidungszahlen steigen; die Zahl der alleinerziehenden Mütter ist hoch. Die Aggressionen wachsen. Der Egoismus nimmt überhand. Die zunehmende Bindungslosigkeit des Individuums in der Moderne wird dabei zweideutig interpretiert: auf der einen Seite als Voraussetzung des Funktionierens postindustrieller Gesellschaften, auf der anderen Seite als Beleg für deren moralischen Verfall.

Wie verhält es sich nun tatsächlich mit dem Wandel der Lebensformen? Auf diese Frage hat vor allem Hans Bertram, mein Kollege an der Humboldt-Universität zu Berlin, empirisch präzise und überraschende Antworten gegeben. Ich resümiere im folgenden einige seiner Thesen. Sie lassen sich so zusammenfassen: Typisch für unsere Gesellschaft ist die zunehmende Stabilisierung der Lebenszeit und die damit verbundene Konstanz von Beziehungen im Lebensverlauf des einzelnen. Thesen, die aufgrund der geringeren Verbindlichkeit gesellschaftlicher Werte und Normen in einer zunehmend offenen und liberalen Gesellschaft die Risiken und die Beliebigkeit sozialer Beziehungen behaupten, lassen sich empirisch nicht bestätigen.

Man muß, um zu solchen Aussagen zu kommen, lernen, die amtliche Statistik richtig, das heißt kritisch, zu lesen. Scheidungsziffern beispielsweise sind ein wenig geeigneter Indikator zur Messung gesellschaftlicher Auflösungstendenzen. Die Scheidungsrate nämlich wird als das Verhältnis von Scheidungen zu Heiraten definiert. Der Anstieg der Scheidungsrate aber ergibt sich zunächst einmal aus der Abnahme der Heiraten: Wenn die Zahl der Verheirateten sich halbiert, verdoppelt sich bei gleichbleibender Zahl der Scheidungen die Scheidungsrate. Diese Verdoppelung sagt über Tendenzen abnehmenden sozialen Zusammenhalts in unserer Gesellschaft zunächst gar nichts aus – solange wir nicht untersuchen, in welchen Sozialzusammenhängen diejenigen leben, die nicht oder die nicht mehr verheiratet sind. Erklärungsbedürftiger als die wachsenden Scheidungszahlen ist in unserer Gesellschaft das Emporschnellen des Ledigenanteils bei den 25- bis 45jährigen.

Auch bei der Verheiratetenquote sind die Zahlen überraschend. Bei den 37- bis 40jährigen Frauen beispielsweise liegt sie 1925 bei 77 Prozent, 1950 bei 71 Prozent und erreicht 1991 ihren Höchststand: 79 Prozent.

Ähnliches gilt für die Zahlen der sogenannten Singles. Hier täuscht die amtliche Statistik, weil sie sich an Haushalten und gemeinsamen Haushaltsführungen orientiert. Wenn wir als Single denjenigen bezeichnen, der in seinen Dauerbeziehungen keine Familienmitglieder nennt, der keinen Partner hat, nicht verheiratet ist und alleine lebt, können wir – immer aufgrund der Forschungsergebnisse von Bertram – sagen, daß in Deutschland drei Prozent der erwachsenen Erwerbsbevölkerung Singles sind. 53 Prozent sind definitiv keine Singles: Sie leben in Familienbeziehungen, mit einem Partner in einem Mehrpersonenhaushalt und sind verheiratet. 16 Prozent haben Familienbeziehungen, aber sonst keinen weiteren Partner. Weitere Zahlen belegen: Wie immer man die wachsende Individualisierung unserer Gesellschaft auch interpretieren mag – ohne konstante und dauerhafte Bindung an die eigene Familie lebt nur eine verschwindende Anzahl von Menschen.

Weitere Zahlen betreffen die Stabilität kindlicher Beziehungen. Die Chancen von Kindern, gemeinsam mit ihren beiden leiblichen Eltern aufzuwachsen, sind in unserem Jahrhundert von historischen Ereignissen – Kriegen, Verfolgungen, Vertreibungen – weit stärker beeinflußt worden als von einem Wertewandel der Individuen. Es ist, wenn man sich die Zahlen ansieht, nur schwer nachzuvollziehen, wie man heute beispielsweise pauschal von der Krisenhaftigkeit der Eltern-Kind-Beziehungen oder von der Gefährdung des Aufwachsens von Kindern in stabilen Familienverhältnissen sprechen kann.

Den höchsten Anteil von Kindern, die in Eineltern-Familien aufwuchsen, findet man bei der Generation der von 1933 bis 1938 Geborenen. Heute gibt es weniger Stiefelternfamilien als damals. Die Prozentsätze der Kinder, die bei beiden Eltern aufwachsen, liegen heute höher oder mindestens genauso hoch wie im Jahrhundertdurchschnitt. Berücksichtigt man, daß zur gleichen Zeit der Anteil der Kinder, die in Heimen und anderen Einrichtungen fremd untergebracht sind, deutlich zurückgegangen ist – er liegt bei anderthalb Prozent –, dann kann man – entgegen weitverbreiteten Annahmen – von einer Familiarisierung des kindlichen Aufwachsens in unseren Familien sprechen. 86 Prozent der nach 1968 Geborenen wuchsen nach eigenen Angaben bis zu ihrem achtzehnten Lebensjahr mit beiden Eltern auf, etwa sechs Prozent nur mit der Mutter und sieben Prozent bei Stiefeltern.

Weil uns die demographische Revolution ein dramatisches Veralten der Gesellschaft beschert und das System des sogenannten Generationenvertrags, die herkömmliche Basis unserer sozialen Sicherungssysteme, ins Wanken bringt, beschwören wir den »Krieg der Generationen« und sprechen pauschal vom Verlust der Solidarität zwischen den Altersgruppen; wieder dient uns ein Rückgriff auf den Verlust an Moral als Erklärung für einen Strukturwandel.

Ich würde mich mit meinen Hinweisen mißverstanden fühlen, wenn man daraus schließen wollte, ich plädierte für eine Aufgabe des moralischen Diskurses oder ich wollte mir selbst und anderen einreden, in unserer Gesellschaft sei alles zum Besten bestellt. Moral ist für mich ein Thema. Aber: es ist kein Thema der Anthropologie. Ich bezweifle, daß sich die Menschen der Moderne in ihrem Moralverhalten im Vergleich zu anderen Zeiten grundlegend geändert haben. Rethink everything heißt das moderne Motto, wie ich jüngst von einem Spitzenmanager der Autobranche erfuhr. Abgesehen davon, daß dieser Typus des radikalen Denkens sich meist seine eigenen, denkfreien Schonräume reserviert: Wir müssen radikal denken, aber wir sollten unsere Radikalität nicht falsch verorten. Ich halte das, was ich die »anthropologische Radikalität« nennen möchte, für eine große Gefahr. Sie sucht Schuldige an der falschen Stelle. Sie spart Fragen von Macht und Herrschaft zu früh aus – genauso wie beliebte Spielarten des Kommunitarismus es tun.

In meinen Augen ist nicht Moral, sondern Gerechtigkeit das drängende Thema unserer Zeit. Skandalöser als das Verhalten der einzelnen erscheint mir das, was Franz-Xaver Kaufmann die strukturelle Rücksichtslosigkeit staatlicher Maßnahmen und ökonomischer Entwicklungen genannt hat: gegenüber Kindern, Frauen, Familien. Wir brauchen weniger Appelle und mehr Analysen. Adressat unserer Aufregungen sollten weniger die Individuen, als vielmehr die Institutionen sein.

Diskussion

Edzard Reuter:

Wir haben schon mehrfach im Zusammenhang mit dieser Fragestellung miteinander gerungen: Soll, kann, darf man sich mehr auf die auf das Individuum gerichtete Diskussion konzentrieren? Oder müssen wir die Institutionen ansprechen?

Ich finde, die Ausführungen von Herrn Professor Lepenies decken sich mit meiner wiederholt vorgetragenen eigenen Erfahrung mit den sogenannten Singles oder Kindern bzw. Heranwachsenden. Ich habe in diesem Kreis schon einmal ausgeführt, daß es absolut unerträglich ist, daß behauptet wird, eine ganze Generation sei nur noch hedonistisch. Das stimmt einfach nicht.

Bei den Singles konzentriert sich die Diskussion darauf, daß sie angeblich zuviel Wohnraum in Anspruch nehmen. Meiner Auffassung nach trifft dies alles nicht zu.

Richard v. Weizsäcker:

Bei Helmut Schmidt und mir bestand bei der vorhergehenden Diskussionsrunde der Unterschied, wenn ich das richtig in Erinnerung habe, eher darin, daß er mehr über die Moral der Strukturen gesprochen hat und ich mehr über die Moral der Personen. Helmut Schmidt hat über die Moralkodizes bestimmter Berufe gesprochen, während ich meinte, wir müssen die Menschen im ganzen betrachten.

Herr Lepenies hat sich von den Thesen der Kommunitarier distanziert. Richtig ist natürlich, daß sich die Kommunitarier bei ihren Verbesserungsvorschlägen in erster Linie auf den persönlichen Bereich, so zum Beispiel auf die Frage der Ehescheidung, des Alleinwohnens und des Verhältnisses von Eltern zu Kindern und von Kindern zu alten Menschen beziehen. Ich bin vollkommen damit einverstanden, daß wir uns aber auch um Fragen der strukturellen Rücksichtslosigkeit kümmern müssen.

Ich wollte nicht so verstanden werden, als meinte ich, der Werteverfall rühre daher, daß die Menschen als Individuen früher lieb waren und heute böse sind. Die Höhe der Scheidungsrate ändert nichts an der Tatsache, daß wir einer liberalen Demokratie ohne Zusammenhalt gegenüberstehen, einer Liberalität der Gleichgültigkeit, der vielfach negativen Einwirkung von elektronischen Medien auf die Erziehung. Es kann doch nicht sein, daß Scheidungsquoten ausschließlich unter dem Aspekt bewertet werden, wie sich ihre Relation zur Zahl bestehender oder neu geschlossener Ehen darstellt. Die Zahl der Scheidungen muß auch in ihrer absoluten Größe zu Überlegungen führen.

Die Menschen mit ihren Stärken und Schwächen werden in der gegenwärtigen Situation mit den Werte- und Moralfragen nicht fertig. Infolgedessen müssen wir darüber reden, gewiß auch unter dem Aspekt der strukturellen Rücksichtslosigkeit. Wir können aber nicht die Frage nach dem moralischen Verhalten der Menschen durch die Frage nach der Gerechtigkeit der Strukturen ersetzen. Wir müssen vielmehr über die Gerechtigkeit der Strukturen in ihren Auswirkungen auf das denkbare moralische Verhalten der Menschen nachdenken.

Marion Dönhoff:

Zunächst einmal: Ich kann nicht sehen, was Scheidungsziffern mit Moral zu tun haben sollen.

Zu der Frage, was die moderne Industriegesellschaft zusammenhält: Das, was sie zusammenhält, wird auch zu ihrem endgültigen Ende beitragen. Ein Faktor des Zusammenhalts ist das Menschenbild, die Idee vom Homo oeconomicus, der vollkommen rational ausrechnet, was für ihn am günstigsten ist. Ein weiterer Faktor ist das Marktsystem, innerhalb dessen der Homo oeconomicus operiert, in dem allein Produktion, Konsumtion und Exportmöglichkeiten zählen.

Das Prinzip des Marktsystems ist der Wettstreit, und der Motor des Wettstreits ist der Egoismus: Ich muß besser sein als der andere. Und dieser Egoismus macht vor nichts halt. Die Sensibilität für Rechtsprinzipien, Moral und Anstand nimmt ständig ab, bis schließlich Korruption und Brutalität das Klima bestimmen. Ein derartiger Zustand aber ist das Ende jeder Gesellschaft.

Wenn man schon Statistik und Moral miteinander in Verbindung bringen will, sollte man sich fragen, ob es moralisch ist, daß in den USA in den letzten zehn Jahren die Reichen zwanzig Prozent reicher und die Armen zehn Prozent ärmer geworden sind.

Volker Hassemer:

Herr Lepenies hat gesagt – das fand ich sehr optimistisch –, daß sich die Menschen nicht allein entsprechend den strukturellen Vorgaben, entsprechend den vorhandenen Formen des egoistischen Zusammenhalts verhalten, sondern sich mit ihren Handlungen gegebenenfalls sogar gegen die Strukturen stellen. Das empfinde ich als eine Antithese zu den oft zu vernehmenden Besorgnissen. Das Problem sind danach nicht die Menschen, sondern die Strukturen.

Richard v. Weizsäcker:

Wenn die Menschen sozusagen in Ordnung sind, stellen die Strukturen ja kein Problem dar.

Antje Vollmer:

Mir fehlte in den Ausführungen von Herrn Lepenies einiges. Zwar hat er erklärt, die Menschen verhielten sich relativ vernünftig, die sozialen Kontakte und Fähigkeiten seien im großen und ganzen erhalten, aber dann zitierte er das Bild, daß die soziale Ozonschicht für die Kinder zerstört sei. Schließlich zog er den Teufel aus dem Hut, indem er auf die vorhandenen Strukturen hinwies, ohne diese genauer zu bezeichnen. Welche Ursache hat die Zerstörung der sozialen Ozonschicht? Welche Struktur ist die Ursache dafür, daß Kinder kleine Erwachsene sind? Welche Institutionen haben versagt?

Dieter Grimm:

Das Grundproblem scheint mir darin zu bestehen, daß die Strukturen den Raum für Moral immer weiter verengen. Das ist die Folge der unaufhaltsamen funktionalen Differenzierung moderner Gesellschaften. Jeder Einzelne operiert in verschiedenen Bezügen, von denen einige stark funktionalisiert sind, andere wenig. Zu den stark funktionalisierten gehört alles, was mit der beruflichen Tätigkeit zusammenhängt. Die nicht funktionalisierten finden sich eher im privaten Bereich.

Für die funktionalisierten Bereiche ist es charakteristisch, daß sie je eigenen Rationalitätskriterien gehorchen, die über Erfolg und Mißerfolg entscheiden und deswegen auch das individuelle Verhalten bestimmen. Diese Erfolgskriterien sind unabhängig von individueller Moral. Moral stört hier im Gegenteil. Sie zieht sich in die privaten Bereiche zurück.

Um es an einem Beispiel zu verdeutlichen: Wer im Wirtschaftssystem agiert, muß sich an den Kriterien von Gewinn und Verlust ausrichten. Moral ist sozusagen fehlinvestiert. Aber nachdem die ökonomischen Erfolgskriterien beachtet worden sind, kann man einen Teil seines Gewinns mäzenatisch verwenden.

Friedrich Dieckmann:

Das eigentliche Problem liegt in der ungeheuren Entwicklung der Basisfaktoren. Wenn sich die Speicherkapazität der Mikrochips alle anderthalb Jahre verdoppelt, und das seit mehr als zwanzig Jahren, dann muß dieser exponentielle Verlauf alle herkömmlichen Strukturen unterminieren; nur eine Verlangsamung dieser Entwicklung könnte eine gewisse Stabilisierung bewirken. Aber weder moralische noch soziale Regulative, sondern einzig wirtschaftlich-technische Macht- und Profitinteressen bestimmen diesen Prozeß.

Wolf Lepenies:

Kürzlich fand ein deutsch-japanisches Dialogforum statt, auf dem Herr Danielmeyer, der frühere Forschungsvorstand von Siemens, Rechenergebnisse im Hinblick auf die Entwicklung der Arbeitslosigkeit vorführte. Danach gibt es in China im Jahre 2025 hundert Millionen Arbeitslose. Auch das gehört zu einer globalen Betrachtung.

Um meine Position zu verdeutlichen: Es geht mir nicht um Optimismus oder Pessimismus, nicht um Gut und Böse, sondern um die Frage, wo man sinnvollerweise Energien einsetzt, worauf man sich konzentrieren sollte, um etwas zu verändern. Ich glaube, mit Diskussionen über die individuelle Moral kann man relativ wenig verändern.

Da vorhin die USA angesprochen wurden: Wenn man die dortigen Statistiken aufgliedert nach Schwarz und Weiß, stellt man fest, daß es sich in diesem Lande eigentlich um zwei Gesellschaften handelt. Das liegt nicht etwa daran, daß die schwarze Bevölkerung eine andere Moral aufweist als die weiße, sondern Ursache ist eine andere Struktur: Die weiße Gesellschaft ist sozusagen relativ in Ordnung, während beispielsweise die Arbeitslosenquote bei den schwarzen Jugendlichen in Teilen New Yorks bei siebzig Prozent liegt.

Ich glaube nicht an einen generellen Werteverfall auf der Ebene der Individuen. Das Gegenteil müßte empirisch nachgewiesen werden. Man sollte meines Erachtens nicht auf der Ebene des individuellen Verhaltens ansetzen.

Das Problem sind in bezug auf die Kinder weniger die Eltern, das Problem ist die Schule, was wir ihr zutrauen, was wir von ihr verlangen, was wir ihr geben. Das Problem ist nicht die Motivation derer, die in Pflegeberufen tätig sind, sondern die Frage: Wie behandeln wir die Angehörigen der Pflegeberufe? Was verdienen diese Personen?

Antje Vollmer:

Ich habe vor gar nicht langer Zeit in diesem Berufsfeld gearbeitet. Es stimmt einfach nicht, daß aus der Sicht der dort Beschäftigten alles in Ordnung ist. Bestimmte Verhaltensweisen resultieren auch nicht aus der geringen Bezahlung.

Wolf Lepenies:

Ich behaupte nicht, daß alles in Ordnung ist oder daß es um die Bezahlung geht. Die Frage stellt sich, ob wir über das Verhalten einzelner oder über die Ethik von Institutionen diskutieren.

Marion Dönhoff:

Ich möchte nachfragen, Herr Lepenies: Haben Sie gemeint, daß die Diskriminierung der Schwarzen in der weißen Gesellschaft der USA keine Frage von Moral ist?

Wolf Lepenies:

Das ist in meinen Augen kein Problem, das sich auf der Ebene der individuellen Moral lösen läßt. Ich kann es doch nicht festmachen am Verhalten der jeweils einzelnen.

Marion Dönhoff:

Die Gesamtmoral ergibt sich doch aus der Summe des moralischen Verhaltens der einzelnen. Wofür hat denn Martin Luther King in Amerika gekämpft?

Antje Vollmer:

Ich fürchte, wir geraten hier in einen Bekenntnisstreit, wenn wir so antagonistisch diskutieren.

Ich kann mir vorstellen, daß es gesellschaftliche Umgebungen gibt, die mehr Positives abfordern; andere fordern mehr Negatives ab. Es stellt sich die Frage, wo und mit welchen Mitteln beispielsweise die Politik eingreifen soll. Den sehr krassen Affront gegen den Kommunitarismus verstehe ich auch nicht. Es kann sein, daß die Kommunitaristen inzwischen wieder abdriften, aber sie haben immerhin einen Haltegriff gefunden, indem sie erklären: Ihr müßt nicht alle Forderungen an den Staat oder eine sonstige Instanz richten, sondern manches könnt ihr in eurem Umfeld, auf der lokalen Ebene, im persönlichen Bereich in Angriff nehmen. Dann ist zwar noch nicht die Struktur vorhanden, aber ein Netzwerk von menschlichen Verhaltensweisen, und zwar aus eigenem Wunsch heraus, auf dem strukturelle Veränderungen wachsen können.

Ich denke, Herr Lepenies, in der Analyse, worin gegenwärtig die Hauptgefahr besteht, der man begegnen muß, sind wir noch nicht einig. Sie erklären, im individuellen Bereich sei das meiste in Ordnung.

Richard v. Weizsäcker:

Herr Lepenies, Sie haben von den Kommunitariern – vielleicht auch von mir – den Eindruck, daß erklärt wird: Zunächst einmal muß sich das Verhalten von Mensch zu Mensch verbessern. Ich bin froh, wenn ich höre, daß sich das Verhalten von Mensch zu Mensch gegenüber früher nicht so sehr verändert hat, vielleicht sogar verbessert haben könnte. Unser Leben vollzieht sich nicht in dieser isolierbaren Form, sondern wir leben immerfort unter dem Eindruck dieser Strukturen.

Herr Grimm hat die privaten elektronischen Medien angesprochen. Ich habe immer behauptet: Die privaten elektronischen Medien nehmen keineswegs mehr die Funktion der vierten Gewalt wahr, nämlich die Politiker zu kritisieren, sondern sie verwandeln die Politik in Unterhaltung, weil Unterhaltung der

Gegenstand ihres privaten Wirtschaftszweiges ist. Das geschieht dadurch, daß man persönliche Rivalitäten oder Meinungsverschiedenheiten zwischen Politikern dann und nur dann vermittelt, wenn sich diese wie ein Krimi oder eine Schlagfertigkeitskonkurrenz darstellen lassen.

Die Folge ist, daß Politik in Unterhaltung verwandelt wird. Für die Durchdringung komplexer Sachverhalte bleibt durch die Diktatur der Einschaltquoten kein Raum. Für die Politiker ist diese Verwandlung in Unterhaltung insofern nicht uninteressant, als sie auf diese Weise viel näher an ihr Wahlpublikum herankommen.

Diese Entwicklung führt dazu, daß sich am Ende auch die Politiker selber weniger verantwortlich fühlen als zuvor. Ich sage nicht, daß das Unglück daher rührt, daß die Politiker als Menschen früher gut waren und heute böse sind. Sie verhalten sich auf Grund der strukturellen Gegebenheiten, in denen sie leben, in einer Form, die unseren Werten und unserer Moral nicht gerade aufhilft.

Zu den Bemerkungen von Gräfin Dönhoff über den Markt: Der Markt funktioniert offenbar besonders gut, weil der Egoismus der einzelnen zu großen Leistungen antreibt. Es kann aber durchaus nützen, wenn man als anständiger Kaufmann auftritt. Den ehrbaren Kaufmann in Hamburg gab es doch nicht zu einer Zeit, als die Moral noch besser war als heute, sondern diese Haltung entsprang der Erkenntnis, daß es nützlich ist, so zu sein.

Marion Dönhoff:

Dann wundert mich, warum es heute so viele Korruptionsprozesse gibt.

Richard v. Weizsäcker:

Vielleicht trägt uns Herr Lepenies das nächste Mal eine Statistik vor, wonach Korruptionsprozesse früher häufiger waren als heute!

Egon Bahr:

Ich finde, das, was Sie, Herr Lepenies, gesagt haben, enthält einen richtigen Kern. Bei weiterem Nachdenken werde ich aber zunehmend ratlos. Die von Ihnen dargestellte Entwicklung bei den Scheidungsraten besagt eigentlich nur, daß das individuelle Verhalten dem Nächsten gegenüber sich insoweit nicht verändert hat und daß sich die Menschen nicht verändert haben. Sie besagt außerdem, daß die Strukturen den einzelnen nicht daran hindern, sich sein individuelles Refugium, seine Nische zu suchen.

Ich bin in einer Zeit aufgewachsen, in der mir eigentlich eingetrichtert werden sollte, daß Gemeinnutz vor Eigennutz geht. Diese Haltung habe ich dann wieder bei Präsident Kennedy gehört: Frage nicht, was der Staat für dich tun kann, sondern frage dich, was du für den Staat tun kannst.

Wenn das alles richtig ist, gibt es eine Ausgewogenheit zwischen individuellem Eigennutz und den Notwendigkeiten seitens der Gesellschaft, die bestimmte Forderungen an das Individuum stellen muß, und zwar sowohl im Interesse der Gesellschaft als auch im Interesse des Individuums. Mir scheint, daß sich nach dem Wegfall der großen Herausforderung des real existierenden Sozialismus die Gesellschaftsform des Kapitalismus ungehemmt entfaltet und Strukturen schafft, bei denen Verdienst, Gewinn, Geld zum obersten Wert erklärt werden.

Man kann sich nicht wundern, wenn die Individuen dem folgen, soweit sie können. Wenn es so ist, wie ich es geschildert habe, muß in der Tat das ethische Verhalten des einzelnen gegenüber der Gemeinschaft – ich benutze bewußt nicht den Begriff der Moral – wieder mehr ins Bewußtsein gehoben werden. Anderenfalls werden die Individuen, falls sie sich nicht auf sich selbst und den Nächsten zurückziehen, zu Objekten dieser Anschauung, bei welcher der materielle Erfolg der einzige Erfolg ist, der zählt.

Wolf Lepenies:

Es kann nicht im Ernst darum gehen, daß man Strukturen gegen individuelles Verhalten oder Moral gegen Gerechtigkeit abwägt. Ich wiederhole: Für mich geht es um die Frage, wie man Energien bündelt, wo man anpacken soll.

Um auf die modernen elektronischen Medien zurückzukommen: Soll man die Politiker dazu zu bewegen versuchen, sich gegenüber dem System resistent zu verhalten? Oder sollte man energischer als bisher die Kontrolle der Medien betreiben?

Im Gesundheitssektor haben wir nicht genügend

Energie auf die Reform der medizinischen Ausbildung verwandt. Zur Herbeiführung einer besseren ärztlichen Ethik würde ich nicht einen Ärzte-Kodex entwerfen, sondern stärker in die Ausbildung eingreifen. Es hilft nichts, sozusagen ex post denjenigen, die sich schon im System befinden, Moral zu predigen. Anzusetzen ist auf der Ebene einer Formation der Individuen.

Damit ist die Frage der Moral nicht vom Tisch. Moral ist für mich – da bin ich aber eher pessimistisch – eine Frage der Eliten, die Moral vorleben. Aber selbst wenn man einen bestimmten Prozentsatz unserer Eliten dazu bewegen könnte, wäre die Wirkung nicht groß. Wenn man viel mehr Energie als bisher auf die Änderung der Strukturen verwendet, kann man meiner Meinung nach mehr erreichen.

In bezug auf die Umweltproblematik ist für mich ein phantastisches Beispiel die Änderung des Curriculums an der ETH Zürich im Bereich der Umwelt- und Naturwissenschaften. Danach werden von Anfang an in der naturwissenschaftlichen Ausbildung Fragen des moralischen Verhaltens mit behandelt. Das hat nach zehn Jahren zu einem veränderten Typus des dort ausgebildeten Naturwissenschaftlers geführt. Ich finde es effektiver, ein solches Curriculum für Naturwissenschaftler zu ändern, als ein Seminar über naturwissenschaftliche Ethik zu veranstalten.

Friedrich Dieckmann:

Es ist merkwürdig zu sehen, wie die Kommerzialisierung des Medienwesens, also die Steuerung und Überformung von Information unter dem Profitaspekt, auf andern Wegen zu einem ähnlichen Grad von Entpolitisierung führt wie einst bei dem zentralgesteuerten Medienwesen des Monopolsozialismus. Die kommerzialisierte Massenmedien-Information erweckt den Anschein, alles sei eine Frage von Personen. Sprachregelungen beherrschen das Feld, als seien sie vorgegeben; Strukturfragen bleiben weitgehend außer Betracht, was auch damit zusammenhängt, daß sie abstrakt und kompliziert sind. So versinkt das Politische im Unterhaltungswert des Personalen.

Früher, so hört man, wurden an der deutschen Grenze alle Fleischimporte aus nicht-europäischen Ländern kontrolliert, heute seien es nach EU-Recht nur noch zwei Prozent. Kontrollen entfallen, Vorschriften werden gelockert; so entstehen Freiräume für die Gewinnsucht einzelner, die sich den Teufel um die Gesundheit der Verbraucher scheren. Das Problem ist, daß der Marktliberalismus nur in bestimmten staats- und kulturgesetzten Grenzen funktioniert, die mit einem allgemeinen Wohlstandsniveau korrespondieren; die äußere Schranke, die das monopolsozialistische Lager dafür bereitstellte, hat die Ausbildung eines Balancezustands wesentlich befördert. Inzwischen ist eine immer schrankenlosere Konkurrenz ganz verschiedener Weltzonen um Märkte und Arbeitsplätze ausgebrochen; erst jetzt tritt jener Zustand ein, den das Kommunistische Manifest mit hingerissenem Schauder vorwegnahm: die Weltherrschaft des Marktes.

In dieser Lage wird es der Rehabilitierung eines Begriffs bedürfen, der allgemein perhorresziert wird: des Begriffs der Grenze. Er ist in der Wohlstandsgesellschaft deutlich negativ besetzt; Vorschriften haftet das Odium des Verwerflichen an. Man weiß genau, daß sich die Zahl der Unfallopfer auf den Straßen durch striktes Alkoholverbot und strikte Geschwindigkeitsbeschränkungen entscheidend vermindern ließe; dennoch sind beide Grenzsetzungen in Deutschland nicht durchsetzbar. Seit Jahrzehnten nimmt die Gesellschaft lieber Tausende von Drogenopfern in Kauf, statt sich auf wirksame Maßnahmen gegen Drogenhandel und Geldwaschoperationen zu verstehen; solche Maßnahmen wären exporthemmend und schädigten das Finanzsystem. Einerseits gilt es zu deregulieren, den Einschnitt in das Rokoko der Bürokratie. Andererseits wird die Gesellschaft dem Begriff der Grenze ein neues Ansehen geben müssen, aber gerade nicht im Dienst dessen, was man einmal reaktionär nannte und was das auch heute noch ist. Ist das die Quadratur des Kreises? Es hat mit Moral insofern zu tun, als es sich um ein Umdenken als einen Akt gesellschaftlicher Selbsthilfe handelt.

Volker Hassemer:

Ich sehe nicht, daß die Menschen um so egoistischer, gewalttätiger, aggressiver sind, je jünger sie sind. Für die heutigen jungen Leute ist Geld sehr viel weniger wichtig, als es bei uns der Fall war. Die vorhandenen ökonomischen, juristischen, politischen Strukturen sind nicht das Ergebnis der Leistungen der heute 20- oder 30jährigen, sondern der heute 60- oder 70jährigen. Ich teile die Auffassung, daß die vorhandenen Strukturen schlechter sind als die heute festzustellende Entwicklung.

Zu den Medien: Ich habe den Eindruck, daß die uns nachfolgende Generation keine Verbote braucht, nicht in Schach gehalten werden muß, weil sie mit den Medien souveräner umgeht als wir. Sie macht in dieser Beziehung viel weniger Fehler, als wir es mit unserer Einstellung an ihrer Stelle täten.

Wolf Lepenies:

Ich bin der Auffassung: Wenn man sich im Bereich der Medizin entgegen der Marktlogik des Systems verhält, gibt es bei uns keine Strukturen, die dieses Verhalten prämiieren. Das ist der Skandal. Wenn sich ein junger Arzt im Krankenhaus so verhält, wie wir es uns wünschen, bekommt er dafür nicht nur keine Prämie, sondern er riskiert im Gegenteil seine Karriere. Die jungen Ärzte sind nicht weniger humanitär gesonnen, aber es gibt keine Strukturen, nach denen es eine Belohnung gibt, wenn man sagt: Ich beschäftige mich länger mit dieser oder jener Problematik, mit diesem und jenem Patienten. Im Gegenteil, man wird zurückgepfiffen: Warum haben Sie sich zehn Minuten länger damit beschäftigt, Sie wissen doch, was das kostet!

Marion Dönhoff:

Ich bekomme zahlreiche Briefe von jungen Menschen. Alle drücken ein Bedürfnis aus: Es muß doch noch etwas anderes als Geld geben! Was ist denn der Sinn des Lebens? Noch ist das kein Umbruch. Aber ich habe doch das Gefühl, daß sich etwas ändert.

Richard v. Weizsäcker:

Ob die Leute familiär und nachbarschaftlich gesonnen sind, ist zwar wichtig, aber doch nicht die Kernfrage. Ich bin auch dagegen, sozusagen darüber abzustimmen, ob die jungen Menschen heute kameradschaftlicher sind, als wir es waren. Auch Briefe an die »ZEIT« mit der Frage nach dem Sinn des Lebens sind nicht wirklich repräsentativ. Das ist alles nicht quantifizierbar, nicht wirklich als Grundtatsache feststellbar.

Feststellbar aber ist zum Beispiel das Verhalten der Ärzte, was Herr Lepenies in seinem Beispiel angesprochen hat. Feststellbar ist das Verhalten der Politiker und ist die Art und Weise, wie die elektronischen Medien die Politik in Unterhaltung verwandeln. Feststellbar ist, daß es bestimmte Gründe gibt, weshalb die Kinder im Alter zwischen sechs und zwölf Jahren ihre »soziale Ozonschicht« verlieren. An diesen feststellbaren Dingen zu arbeiten, ist im Grunde das einzige, was sich wirklich verantworten läßt.

Antje Vollmer:

Möglicherweise haben wir gerade den Glücksfall, daß eine Generation heranwächst, die nicht so lädiert ist, mental nicht so verletzt, nicht so aggressiv, nicht so ideologisch. Diese Generation aber trifft auf die vorhandenen Strukturen. An dieser Stelle müßte es einen Puffer geben, einen Adoleszenzraum; die Gesellschaft müßte für die jungen Menschen Übungsfelder bereitstellen, in denen sie sich darauf vorbereiten, die Strukturen ändern zu können. Um welche Felder könnte es sich dabei handeln? Zunächst fällt einem dazu ein, daß sich die Bildung und Ausbildung ändern müßten. Wer aber macht das? Und was hat die Ausbildung mit den bestehenden Strukturen zu tun? Und was passiert dann? Und wenn diese in allem gut vorbereiteten, möglicherweise mit Vorbildern versehenen Leute dann auf die wirklichen Strukturen stoßen, hätten sie eine Chance?

Wolf Lepenies:

Ich weiß es nicht. Aber ich glaube, es ist der einzige Weg, der bleibt. Etwas anderes als Ausbildung – ich würde eher sagen Sozialisation –, als ein Ansetzen auf dieser Ebene, auf der man noch etwas prägen kann, fällt mir nicht ein.

Dieter Grimm:

Ich habe immer noch das Gefühl, als würden wir die Bedingungen von stark funktionalisierten Gesellschaften nicht ernst genug nehmen. Jedes Funktionssystem operiert nach einem obersten Zielwert, Wirtschaft meinetwegen nach Gewinn. Nehmen wir die Begriffe Recht und Wirtschaft. Für die Wirtschaft ist das Recht nur ein Kostenfaktor: Ist es billiger, den Umweltvorschriften zu gehorchen oder eine Strafe zu zahlen? Das Recht als Eigenwert spielt keine Rolle. Das Problem ist, daß der Zielwert, also das oberste Leitprinzip des einen Systems für das andere überhaupt kein Gesichtspunkt ist. Umgekehrt ist für das Rechtssystem Wirtschaftlichkeit überhaupt kein Gesichtspunkt. Wenn Rechtmäßigkeit der Zielwert ist, spielt die Frage der Kosten keine Rolle.

Die einzige Instanz, die dafür sorgen kann, daß sich ein System auch für den Eigenwert des anderen interessiert, weil erst die Kumulation der Eigenwerte den gesellschaftlichen Zusammenhalt ergibt, ist Politik oder Staat.

Richard v. Weizsäcker:

Die Politik kann das nicht. Die demokratische Politik lebt wie die demokratische Verfassung von Voraussetzungen, die sie selber nicht schaffen kann. Damit aber sind wir wieder beim Thema Gemeinsinn und auch wieder beim Verhalten der einzelnen.

Egon Bahr:

Und damit wieder bei unserer alten Diskussion: Wir müssen die Politik wieder in ihr Recht setzen, entscheiden zu können. Nur zu sagen: »Die Politik kann das nicht«, das ist mir zu wenig.

Die Mittwochsgesellschaft
vom 2. April 1997

Arbeitslosigkeit

Wichtig: Innovationsfähigkeit und hochqualifizierte Ausbildung

Edzard Reuter:

Es gibt kaum ein Thema, über das so viel nachgedacht, aber auch so viel spekuliert wird. Angesichts der ständig zunehmenden Arbeitslosenzahlen auf dem westeuropäischen Kontinent kann das nicht überraschen: In der Bundesrepublik sind nach der offiziellen Statistik 4,7 Millionen Menschen ohne Arbeit, in Wirklichkeit aber suchen mehr als sieben Millionen Menschen Arbeit.

Geht den Menschen die Arbeit aus? Nicht von vornherein auszuschließen ist, daß hinter dieser Frage nur eine spekulative Annahme steht, die von einer Fortschreibung der derzeitigen Beschäftigungssituation in Deutschland oder in Westeuropa ausgeht. Befürchtungen ähnlicher Art gab es sowohl zu Beginn des 20. Jahrhunderts als auch in den dreißiger Jahren. Beide Male ist das Gespenst sehr schnell vorübergegangen. Zyniker begründen dies mit den beiden Weltkriegen, die jeweils danach folgten. Unbestreitbar aber ist, daß nach dem Zweiten Weltkrieg ein bis dahin unvorstellbarer Produktivitätsschub zu einem dramatischen Anstieg der Nachfrage nach neuen Produkten geführt hat, was der westlichen Industriegesellschaft über lange Jahre hinweg Vollbeschäftigung gesichert hat.

Heutzutage hofft niemand mehr ernsthaft darauf, daß die Produktion industrieller Güter noch einmal zu einem vergleichbaren Beschäftigungsschub führen könnte. Im Gegenteil: In allen Teilen der Welt, nicht nur in den klassischen Industrieländern, geht die Rationalisierung weiter, das heißt, die Zunahme der Produktion wird begleitet von einem Abbau der Beschäftigung im industriellen Bereich. Es könnte also durchaus sein, daß der klassischen Industriegesellschaft die Arbeit ausgeht.

Die Patentantwort lautet: »Vor allem im tertiären Bereich, in den Dienstleistungen, liegt ein ungeheures Potential für neue Arbeitsplätze brach, das nur erschlossen werden muß. Dann sind die Probleme gelöst.« In Europa gilt Großbritannien als Musterbeispiel, weltweit die USA.

Angeblich werden in den Vereinigten Staaten mehr als drei Viertel der in den letzten zehn Jahren dort neu geschaffenen Arbeitsplätze – das sind weit mehr als zehn Millionen – »gut bezahlt«. Man bekommt Zweifel, ob diese statistische Behauptung stimmt, wenn man sich in den Städten, auf den Straßen und in den Restaurants umsieht. Diese Zweifel verstärken sich, wenn man in die Gesichter der Menschen schaut, ihre Hautfarbe in Betracht zieht und ihren Bildungsgrad berücksichtigt.

Unbestritten ist jedenfalls die offenkundige »Fragmentierung« der amerikanischen Gesellschaft, die zur Zeit jeden Tag mehr stattfindet. So werden zum Beispiel die Villenviertel außerhalb der Städte von privaten Sicherheitsdiensten beherrscht, und einzelne Gemeinden in allen Teilen der Vereinigten Staaten beginnen damit, aus Angst vor Kriminalität den Zuzug junger Menschen zu beschränken.

Aus westeuropäischer Sicht sollte Klarheit darüber bestehen, daß die Umschichtung von industriellen Arbeitsplätzen auf andere Gebiete – seien es die Dienstleistungen oder neue, sozusagen aus dem sekundären und dem tertiären Bereich »herauswachsende« Gebiete wie die »Wissenstechnologie« – nicht von heute auf morgen zu bewältigen ist. Im Unterschied zu den Vereinigten Staaten mit ihren völlig andersgearteten Traditionen, insbesondere der Tradition der Mobilität, erscheint es mir zudem in Europa kaum denkbar, daß der überwiegende Teil der aus der Industrie freigesetzten Menschen in diesen neuen Wachstumsbereichen einen Platz finden kann.

Der derzeitige Zustand in Europa zwingt dazu, über Konsequenzen nachzudenken; denn die Menschen verlieren zunehmend das Vertrauen in die politische Führung. Das muß sich gar nicht gegen einzelne Personen oder die gewachsenen Parteistrukturen richten. Vielmehr nimmt quer durch die Generationen das Gefühl zu, daß man irgendwelchen anonymen Mächten ausgeliefert ist, gegen die man sich individuell nur mit rabiaten Ellenbogen wehren kann. Mit anderen Worten: Chancengerechtigkeit, Solidarität und Gemeinsinn verlieren immer mehr an Wert.

Offensichtlich regiert nicht mehr »die Politik«, die aber auch in einem marktwirtschaftlichen System unerläßlich ist, um Rahmenvorgaben zu setzen. Das demokratische System als solches könnte, wenn wir an die Wurzeln dieses Problems nicht herankommen, irgendwann seine Legitimation verlieren.

Zumindest folgende Probleme hängen mit dieser Thematik zusammen:

1. Deutschland und Westeuropa müssen exportieren, weil sie den Import von Gütern brauchen, über die sie nicht verfügen. Dienstleistungen allein werden nicht ausreichen, um das bewerkstelligen zu können. Deswegen bleibt Westeuropa auf die wettbewerbsfähige Erzeugung industrieller Güter angewiesen. Diese kann nur gesichert werden, wenn unsere »Innovationsfähigkeit« ausreicht; das gilt auch für Dienstleistungen. Dies setzt ein höchstqualifizierendes Ausbildungssystem und wettbewerbsfähige Forschung voraus. Beides ist wiederum nur möglich, wenn es einen Staat und wenn es Wirtschaftsunternehmen gibt, die sich »das leisten können«.

2. Anders als die traditionelle Güterproduktion unterliegt der Bereich der Dienstleistungen einem außerordentlich rapiden Wandel der Nachfrage. Erfolgreiche Dienstleistungen von heute können schon morgen wertlos sein. Das bedingt größtmögliche Flexibilität und Beweglichkeit der in diesem Bereich arbeitenden Menschen.

3. Das »weite Auseinanderklaffen« der Einkommen wird bei einer solchen Umschichtung der volkswirtschaftlichen Strukturen unvermeidbar sein. Für mich ist klar, daß Westeuropa eine »20/80-Gesellschaft« nicht aushalten könnte. Freilich wird dies allzuleicht als Totschlagsargument verwendet, vor

allem dann, wenn es darum geht, die Verhaltensweisen der tradierten Verbände – nicht zuletzt der Gewerkschaften – zu ändern. Es darf aber einfach nicht auf Biegen und Brechen an allem festgehalten werden, was die Tarifpartner in den achtziger Jahren gemeinsam angerichtet haben: »Hochziehen« der unteren Lohngruppen, alle möglichen Zuschläge für Arbeit außerhalb bestimmter Uhrzeiten oder Wochentage, großzügige Bezahlung der Auszubildenden und anderes mehr.

Aber auch hier muß die Kirche im Dorf bleiben; Robert Reich, Arbeitsminister in der ersten Clinton-Administration, hat das mehrfach sehr eindrucksvoll an amerikanischen Beispielen dargelegt.

4. Trotz alledem halte ich es für wahrscheinlich, daß zukünftig nicht alle, die dies wollen, »volle Arbeit« finden können. Dabei zählt es übrigens zur Arroganz der Statistiker, daß diejenigen – vor allem Frauen –, die Arbeit suchen, sich aber nicht als arbeitslos registrieren lassen, in unserer Statistik bisher nicht mitgezählt werden.

Ulrich Beck hat Ende letzten Jahres in einem außerordentlich bemerkenswerten Artikel im »Spiegel«, den er mit »Kapitalismus ohne Arbeit« überschrieben hat, in diesem Kontext erneut das Bild der »zivilen Gesellschaft« berufen, indem er Arbeitsbereiche beschrieben hat, die jenseits der normalen, der tradierten »Erwerbsarbeit« liegen und die doch – oder gerade deswegen – dem Gemeinwohl dienen. Ich kann diese Überlegungen nur zur Lektüre empfehlen, setze allerdings Fragezeichen, ob und auf welchem Wege derartige Modelle finanzierbar sind.

Auch darüber muß aber endlich eine ernsthafte Diskussion geführt werden.

Ich fasse zusammen: Der in Gang befindliche epochale Umstellungsprozeß bietet riesige Chancen; er beinhaltet aber auch große Gefahren. Für die Europäer, insbesondere für uns Deutsche, können diese Gefahren nur gebannt werden, wenn es gelingt, klare, für die Menschen verbindliche und ethisch begründete politische Rahmenbedingungen zu schaffen:

Erstens. Der Grundsatz der Chancengleichheit muß gesichert werden. Das wird bei allem dringend notwendigen Streit über die Reform unseres Ausbildungssystems allzuleicht vergessen. Für mich jedenfalls ist dieser Grundsatz eine absolute Conditio sine qua non, wenn die Akzeptanz des demokratischen Systems nicht aufs Spiel gesetzt werden soll.

Zweitens. Die gewachsenen Sozialsysteme müssen schrittweise umgestellt werden vom Prinzip des Generationenvertrages auf das Prinzip der Eigenvorsorge. Das gebietet allein schon die unausweichliche Tatsache, daß alle Arbeitsverhältnisse in Zukunft wesentlich flexibler werden. Der vor allem von Kurt Biedenkopf propagierte Gedanke der Grundrente müßte im Streit mit den eingefleischten Sozialpolitikern endlich einmal durch eine entschlossene politische Führung ernsthaft diskutiert werden.

Drittens muß uns die Integration der Ausländer in Deutschland gelingen. Eine ethnische oder gar an der Hautfarbe festgemachte Spaltung wie in den USA hält Europa nicht aus. Daß die Kanther-Verordnung für die Behandlung ausländischer Minderjähriger nicht zu einem Aufschrei geführt hat, halte ich für einen Skandal.

Im »Labor« mag die Lage – so mein Fazit – keineswegs so trostlos sein, wie dies beim täglichen Blick in die Zeitung erscheint. In der Realität aber gibt es dringendsten Handlungsbedarf. Die europäische Geschichte zeigt, daß hier ein Sprengstoff herumliegt, wie man ihn sich explosiver kaum vorstellen kann.

Diskussion

Egon Bahr:

Haben wir Zeit und Luft für einen Anpassungsprozeß, um dem gegenwärtigen Problemdruck gerecht zu werden? Oder nimmt der Problemdruck immer noch zu?

Edzard Reuter:

Für Westeuropa wird dieser Problemdruck noch weiter zunehmen, bezogen auf die Situation in der industriellen Produktion und aus Gründen, die wir schon mehrfach angesprochen haben. Es ist nicht nur die Rationalisierung, sondern es ist auch der Sog neuer Märkte, die einfach verlangen, daß man vor Ort tätig ist.

Und es ist die Fähigkeit, an anderen Stellen der Welt mit gleicher Intensität und gleicher Effektivität zu forschen, wie das traditionell in Westeuropa war.

Giuseppe Vita:

Wenn wir die Automatisierung übertreiben und es in der Folge immer weniger Beschäftigte gibt, fehlen irgendwann auch die Kunden. Denn wer soll dann die Ware kaufen, die in vollautomatisierten Fabriken produziert wird?

Edzard Reuter:

Die Dienstleister. Die verdienen auch Geld. So ist die These.

Volker Hassemer:

Die Shareholder und deren Familien.

Marion Dönhoff:

In den letzten 15 Jahren, von 1980 bis 1994, sollen die Löhne in den USA um zwölf Prozent gesenkt und in derselben Zeit fast eine Million neue Jobs geschaffen worden sein. In Deutschland dagegen sollen die Löhne in derselben Periode um 18 Prozent gestiegen sein. Herr Siebert vom Institut für Weltwirtschaft an der Universität Kiel sagt dazu, wenn die Produktion um zwei Prozent steigt und wenn man bei den Löhnen eine Nullrunde erreichen könnte, könnten etwa 300 000 neue Jobs entstehen. Wenn beide Zahlen richtig sind, kann man daraus eine gewisse Gesetzmäßigkeit zwischen Produktivität und Lohnerhöhung oder Lohnerhöhung und Arbeitslosigkeit herstellen?

Edzard Reuter:

Ich vermute, das hatte der Bundeskanzler im Sinn, als er von der Halbierung der Arbeitslosigkeit bis zum Jahre 2000 geredet hat.

Natürlich gibt es irgendwelche volkswirtschaftlichen Lehrmeinungen, die eine genaue Korrelation zwischen Produktivität auf der einen Seite und Kostenzuwächsen auf der anderen Seite zu den Auswirkungen auf den Arbeitsbedarf ausrechnen. Aber das alles sind vielleicht langfristige und rückwärts gerichtet begründbare Behauptungen. In der Zukunft zählen sie nicht.

Es geht auch nicht nur um die Rationalisierung der Fabriken, sondern ebenso um die Rationalisierung der Produkte: Während noch vor 15 Jahren für die Montage eines Mercedes 85 Stunden benötigt wurden, sind es heute nur noch 35 Stunden, weil das Produkt einfacher geworden ist. Das merken die Käufer Gott sei Dank nicht.

Aber das kann kein Wissenschaftler vorhersagen. Bei allem Respekt vor Herrn Siebert: Ich halte seine Behauptung für eine Milchmädchenrechnung. Im übrigen sind die Reallöhne seit 1988 stabil geblieben. Somit hätten viel mehr Arbeitsplätze entstehen müssen. Das ist nicht der Fall gewesen.

Helmut Schmidt:

Das Problem des Mangels an Arbeitsplätzen hat sich in den letzten fünf, sechs oder sieben Jahren verschärft wegen der Öffnung der bisherigen kommunistischen Volkswirtschaften in Osteuropa – auch wenn Rußland noch keine solch große Rolle spielt – und vor allem in China und der Wirtschaften Indonesiens, Thailands, Malaysias, Koreas und Japans, um nur einige Beispiele zu nennen. Die Öffnung für Investitionen dort und für Export und Import zwischen diesen Ländern und uns hat zwangsläufig zu einer ganz schnellen Abwanderung von Arbeitsplätzen in Billiglohnländer und in steuer- und abgabeniedrige Länder geführt. Das wird sich fortsetzen. Ohne diesen Vorgang wäre das heutige Problem nur halb so groß.

Dieser Vorgang hat nun zu einem weitgehenden Kompetenzverlust im Sinne von realen Handlungsmöglichkeiten nationaler Regionen in den europäischen Industriegesellschaften geführt und gleichzeitig zu einem Kompetenzgewinn im Sinne realer Handlungsmöglichkeiten für alle international tätigen Unternehmen.

Die Software der Lufthansa wird in Bangalore in Indien erarbeitet, nicht auf deutschem Boden. Dort geht das viel billiger. Und weil die Inder denselben IQ haben wie die Europäer – die Chinesen ebenfalls, genauso die Vietnamesen und andere –, wird sich dieser Prozeß weiter fortsetzen. Selbst eine kleine Maschinenfabrik in Berlin-Marzahn, die nicht weiß, ob sie leben oder sterben soll, hat doch längst billige Sachen auf dem Wege des Outsourcing nach Polen oder in die Tschechei verlegt.

Was kann eine nationale Regierung in dieser Lage noch tun? Einige Leute glauben, man könne mit Keynes'schen Rezepten Arbeitsplätze schaffen. Wenn es bei der heutigen Liberalität des internationalen Austausches bleibt, ist das ein Schlag ins Wasser. Es führt nur dazu, daß die Arbeit, die weitestgehend vom hiesigen Staat finanziert wird, in anderen Ländern ausgeführt wird, auch in Gestalt von Bauarbeiterkolonnen, die zu uns kommen. Das Keynes'sche Rezept ist für die heutige Welt unbrauchbar, weil die nationale Regierung keine Kompetenzen mehr hat, um ihre Wirtschaft zu führen.

Die zweite theoretische Möglichkeit, Stichwort »Autarkie«, besteht darin, die Grenzen dichtzumachen à la Hitler, à la Mao Tse-tung, à la Stalin, Chruschtschow oder Breschnew. Ich schließe nicht ganz aus, daß es Versuchungen dazu geben wird. In Frankreich war das immer ein Teil der Tradition. Vorherzusehen ist, daß dadurch das Absinken des Lebensstandards der breiten Masse nicht aufgehalten werden kann.

Das führt mich zu dem dritten Punkt: Natürlich können es die Regierungen zulassen, daß Löhne und Sozialleistungen im eigenen Lande abgesenkt werden, um auf diese Weise die Steuer- und Abgabenlast zu verringern. Das kann für eine gewisse Zeit eine Hilfe sein. Dann muß man aber wissen, daß diese Flexibilisierung der Arbeitsmärkte – ein anderes Schlagwort für denselben Sachverhalt – für die breite Masse zwangsläufig zu einem weiteren Verlust in den Reallöhnen führt. Der Unterschied in den Reallöhnen etwa zwischen Sachsen-Anhalt und China oder Vietnam oder Indonesien ist nach wie vor phänomenal.

Die Idee mit der Umstellung auf Dienstleistungen ist sicherlich gut und richtig. Nur: Wer zahlt für die Dienstleistungen? Wenn es sich um Dienstleistungen für die eigene Gesellschaft handelt, also für das 16-Millionen-Volk der Holländer oder das 80-Millionen-Volk der Deutschen, dann müssen die Holländer oder die Deutschen die Dienstleistungen bezahlen. Wenn diese Dienstleistungen aber zu teuer sind und ich als Angehöriger der breiten Masse sie mit meinem Reallohn nicht bezahlen kann, nützt die Umstellung nichts.

Man muß also entweder in Kauf nehmen, daß es sich um billige Dienstleistungen handelt – und dann ist es wieder eine Absenkung des Reallohnes –, oder man muß in Kauf nehmen, daß diese Dienstleistungen in Wirklichkeit aus dem Ausland importiert werden, siehe Lufthansa oder auch Siemens und das Thema Softwareentwicklung in Bangalore.

Zu der Befähigung, Spitzenprodukte und Spitzendienstleistungen erbringen zu können, gehört ein tiefer, lang durchgehaltener Ansatz zur Grundlagenforschung, zur anwendungsorientierten Forschung, zur anwendungsgezielten technologischen Entwicklung. Dieses alles geschieht nicht. Unsere Universitäten sind im Weltmaßstab unterdurchschnittlich, unsere Großforschungseinrichtungen sind wenig anwendungsorientiert; viele unserer Forscher finden es unter ihrer Würde, mit der Industrie zu reden.

Auch die Unternehmen haben geschlafen. Seit 15 oder 20 Jahren fährt die Magnetschnellbahn im Emsland im Kreis herum. Hier fehlt es an der Bereitschaft zum Risiko. Es ist die eigene Mentalität der gegenwärtigen Generation der Unternehmensmanager, die zu sehr an schneller Gewinnmaximierung interessiert sind und zu wenig an langfristiger Entwicklung ihrer Unternehmen, die zu wenig Verantwortung gegenüber der Gesamtgesellschaft empfinden.

Aber es ist eben auch der Staat, der durch Tausende von Regulierungen und Verbote die Unternehmen eingeengt hat. Jeder Gewerbetreibende muß eine

Unzahl von Geboten und Verboten und Paragraphen beachten. Es geht um mehr als sechshundert Seiten bedruckten Papiers nur für Gesetze und Rechtsverordnungen in Sachen Umweltschutz, um etwa achthundert Seiten in Sachen Arbeitsschutz, zum großen Teil »aushangpflichtig«.

Forschung, Entwicklung und Deregulierung sind also dringend notwendig. Aber selbst wenn dies alles geschähe und selbst wenn endlich auch die Steuergesetzgebung durchsichtig werden würde – und nicht jedes Jahr ein neues Steuergesetz kommt, das »Jahressteuergesetz« –, selbst wenn also sozusagen alles in Ordnung käme, ginge kein Weg daran vorbei, daß sich der Lebensstandard zwischen China, Indonesien, Vietnam und vielen anderen auf der einen und Westeuropa auf der anderen Seite angleicht. Das müssen wir wissen, das müssen wir in Kauf nehmen, und das muß jemand dem Volke sagen.

Wolfgang Thierse:

Ich bin völlig damit einverstanden, wenn man beschreibt, daß die einzige Chance, wie sich etwa der Standort Deutschland in den sich verändernden Konkurrenzen behauptet, darin besteht, die Innovationskraft zu fördern. Es ist aber fatal, wenn wir in bestimmten Standortdebatten die Illusion erzeugen, Deutschland könnte ein Billiglohnland werden. Ganz in unserer Nähe und in der Ferne wird es immer Länder geben, die mit ihren Arbeitskosten weit unter denen in Deutschland liegen. Das ist auch deren einzige Chance, an der internationalen Arbeitsteilung teilzunehmen. Bei uns geht es um das, was man mit Innovation, Forschung, Bildung, Qualifizierung umschreibt.

Wir erleben momentan die Vernichtung von Arbeitsplätzen durch einen neuerlichen Schub beim Produktivitätszuwachs. Wir brauchen ein immer geringeres Quantum industrieller Arbeit, um die gleiche Menge Güter herzustellen, anders gesagt: immer weniger Arbeit für die Bedürfnisbefriedigung der Menschheit.

Meine Frage dazu lautet: Wieviel industrielle Arbeit werden wir auch weiterhin brauchen? Kann man so etwas prognostizieren? Welches sind die Umschichtungen, die sich im Arbeitsvolumen insgesamt ergeben?

Und wenn man so etwas beschreiben kann, schließt sich die Frage an: Wie lernen wir, mit dieser Veränderung im Arbeitsvolumen umzugehen, weg von der industriellen Arbeit und hin zum sekundären und tertiären Sektor oder – umgangssprachlich – zum Beispiel zu Formen sozialer Arbeit? Wie lernen wir das zu bewerten? Und natürlich: Wie werden wir das bezahlen? Wie finanzieren wir das: weg von industrieller Arbeit und hin zu einem anderen Begriff von Arbeit und dessen positiver Bewertung, was auch Bezahlung heißt? Das sind dann nicht nur die industriebezogenen Dienstleistungen, sondern es sind die sozialen Dienstleistungen im eigentlichen Sinne des Wortes.

Helmut Schmidt:

Ein Problem dürfen Sie aber nicht übersehen: Auch die soziale Arbeit muß bezahlt werden, insbesondere dann, wenn Sie sie hoch bewerten.

Wolfgang Thierse:

Ich gestehe zu, daß das eine bestimmte Art von Naivität ist. Wir haben gelernt, daß die Quelle von gesellschaftlichem Reichtum industrielle Arbeit ist, Naturenteignung durch industrielle Arbeit. Dieses nimmt gegenwärtig ab, in den hochindustrialisierten Ländern und tendenziell auch weltweit. Die Entwicklung geht hin zur Informationsgesellschaft. Das ist dann nicht mehr die traditionelle produktive Arbeit, das ist Wissenstransfer, Anwendung von Wissen. Da frage ich: Welche Art von gesellschaftlichem Reichtum ist das? Und kann ich aus diesem Teil der Arbeit andere Formen der Arbeit finanzieren? Denn am Schluß geht es doch darum: Wieviel Arbeit gibt es überhaupt für die Menschen? Ich meine, es ist genügend Arbeit vorhanden, nur nicht bezahlte Arbeit. Kann ich durch Umverteilung von Bezahlung, durch eine andere Relation von Arbeitsleistung und Preis die Bezahlung dieser Arbeit erreichen?

Helmut Schmidt:

Und wer soll das bezahlen? Der Staat? Das sind doch wieder die Steuerzahler.

Wolfgang Thierse:

Ja, die Gemeinschaft. Wenn ich die Quelle von gesellschaftlichem Reichtum habe, muß ich daraus auch die soziale Arbeit finanzieren.

Ich sage ausdrücklich ja zum Innovationsprozeß. Man kann sich bestimmten Wettbewerbsbedingungen nicht wirklich entziehen. Aber dann geht es schon um die Frage, wie ich Arbeit definiere, wie ich sie bewerte und wie ich Umverteilungsprozesse organisiere.

Helmut Schmidt:

Offenbar wollen Sie Geld umverteilen, um die soziale Arbeit bezahlen zu können. Wem wollen Sie das Geld jeden Monat wegnehmen?

Wolfgang Thierse:

Denjenigen, die bisher Nutznießer eines solchen Prozesses sind. In den letzten 15 Jahren ist das Einkommen aus Kapital um 59 Prozent gewachsen, das Einkommen aus Arbeit um drei Prozent.

Umverteilung hat also bereits stattgefunden. Die Arbeitnehmer haben in den letzten Jahren sogar Einbußen bei den Reallöhnen gehabt. Das war wahrscheinlich unausweichlich. Ich sage nur: Die Einkommenszuwächse aus Kapital und aus selbständiger Arbeit haben andererseits wegen der Prozesse, die wir beschrieben haben, nicht dazu geführt, daß insgesamt die Zahl der Arbeitsplätze zugenommen hat.

Das sind zwei Prozesse, die offensichtlich nicht deckungsgleich sind: Veränderungen im Arbeitsvolumen und soziale Verteilungsprozesse. Man muß auf diese sozialen Verteilungsprozesse einwirken. Anders geht es nicht.

Ernst Joachim Mestmäcker:

Die Auswirkungen der veränderten gesamtwirtschaftlichen Situation auf unser eigenes westeuropäisches Szenario hat Helmut Schmidt so eindringlich dargestellt, daß dem kaum etwas hinzuzufügen ist. Ich stimme dem in jeder Hinsicht zu.

Buchanan hat einmal sehr zugespitzt gesagt: Wir haben eine ökonomische Theorie der komparativen Vorteile für die Produktionsprozesse. Wir haben überhaupt keine Theorie dazu, was sich in dem Moment abspielt, in dem die internationale Arbeitsteilung auf die Sozialsysteme durchschlägt, weil dies Systeme sind, die sich gegen den Markt entwickelt haben und die plötzlich in den Markt hineingezogen werden.

Mir scheint es unerläßlich zu sein, daß die Flexibilisierung, die im ökonomischen Bereich erzwungen ist, politisch nicht im Sozialbereich nachvollzogen wird. Wir müssen aber Bedingungen schaffen, unter denen die Sozialsysteme anpassungsfähig werden. Denn ich glaube in der Tat, daß die Auswirkungen auf die Sozialsysteme die explosivste Frage sind, über die wir hier sprechen.

Egon Bahr:

Vor etwa dreißig Jahren haben wir darüber diskutiert, daß sich Japan – frei von Sozialsystemen, die mit den europäischen vergleichbar sind, mit viel geringeren Löhnen und viel geringerer Lebenshaltung – einen unwahrscheinlich großen Wettbewerbsvorteil gegenüber Amerika und Europa verschafft hat. Inzwischen sind die Ansprüche in Japan so sehr gestiegen, daß wieder Wettbewerbsgleichheit herrscht.

Man könnte fragen, ob dies mit den heutigen Billiglohnländern ähnlich sein wird. Haben wir also zu erwarten, daß in einem vergleichbaren zeitlichen Abstand wiederum Wettbewerbsähnlichkeit zwischen den heutigen hochindustrialisierten Ländern und diesen Nachkömmlingen erreicht ist?

Und wenn das so ist: Halten wir das überhaupt aus? Denn eines ist dabei immer noch offen: Geht es in diesen Ländern nach oben, oder geht es bei uns unweigerlich nach unten?

In der Zeit der ersten industriellen Revolution war die Erwartung der Wirtschaft, daß es verheerend sein würde, wenn der Zwölfstundentag eingeführt oder Kinderarbeit abgeschafft würde. Tatsächlich wurde die Arbeitszeit enorm reduziert und sind die Einkommen enorm gestiegen. Ist das nicht ein Traum der Menschheit, weniger arbeiten zu müssen und trotzdem besser leben zu können?

Ich sehe eigentlich nur zwei Möglichkeiten: entweder die Arbeit zu verteilen, so daß es annähernde Vollbeschäftigung zu sehr viel geringeren Einkommen für den einzelnen gibt, oder so weiterzumachen, mit der Folge, daß es immer weniger Menschen gibt, die voll arbeiten und voll verdienen – aber auch nicht mehr in der Lage sind, für die zunehmende Zahl von Arbeitslosen aufzukommen.

Volker Hassemer:

Die Arbeit geht uns natürlich nicht aus. Alles das, was an Tätigkeit unter dem großen Dach von Zuneigung, von Pflege, von Hilfe, von Freundschaft aufgehoben sein könnte, haben wir bisher noch nicht einmal ausreichend registriert. Wir stellen uns dem nicht.

Wir müssen weiter sehen, daß eine andere Art von Arbeit, die für spätere Produktion und Produktivität erforderlich ist, wegen der Randbedingungen bei uns auch nicht so ernst genommen und geleistet wird, wie das erforderlich wäre. Ich meine den gesamten Bereich der Forschung. Forschung ist der erste Schritt der Arbeit von morgen.

Wenn wir noch einen Schritt weitergehen und sagen, daß nicht nur die Forschung selbst, sondern schon die Ausbildung für die Forschung produktives Betätigen sein kann, eröffnet sich sofort ein Feld, auf dem eine entwickelte Gesellschaft wie die unsere eine Menge Arbeit vor sich hat.

Sinnvolle, geradezu notwendige Arbeit gibt es also genug. Wir machen sie nur nicht und werden deshalb in der Zukunft in erhebliche Wettbewerbsprobleme kommen.

Wir müssen uns natürlich auch die Frage stellen, wie wir unsere nationale Kaufkraft verteilen. Auch mir steht vor Augen, daß sowohl in Deutschland wie zehn Jahre später in China Fabriken fast ohne Arbeiter in Betrieb sein werden. Für wen eigentlich? Sinnvollerweise doch für diejenigen, die andere Arten von Arbeit leisten, inhaltlich und sachlich gerechtfertigt und hilfreich für andere Individuen oder für die Gesellschaft, nur – nach der üblichen Definition – nicht im Produktionsprozeß. Die Kriterien dafür, was »Produktionsprozeß« ist, müssen wir offenbar überarbeiten, weil zuwenig der heute wichtigen Arbeit überhaupt zu dem Produktionsprozeß nach bisherigem Verständnis gehört.

Wir mögen also neu klären, was denn in Zukunft wertschöpferische Arbeit sein wird. Ich weiß nur: Die Produktion allein kann es nicht sein. Wir ärgern uns regelmäßig über die Orientierung der Shareholder, denen es mit einem System ohne Arbeiter zunehmend gut zu gehen scheint. Unabhängig von diesen Interessen ist es aber doch gut, daß wir das, was wir erzeugt bekommen wollen, ohne das Abmühen von Arbeitern erhalten. Das ist doch fast eine Glücksverheißung. Die Verteilung des erarbeiteten Gewinns vornehmlich an Eigentümer und Arbeiter ist das Problem.

Edzard Reuter:

Ich möchte ein bißchen davor warnen, mit unserem tradierten Begriff der Industrieproduktion zu arbeiten. Die Herstellung eines Films, das Entwerfen eines Computerspiels, alles das fällt bei uns unter »Dienstleistungen«. In Zukunft sind das vielleicht

Erzeugnisse von Leuten, die Pillen aus einer Fabrik kaufen, in der ohne Arbeiter produziert wird.

Die große Frage, die ich nicht beantworten kann, lautet: Was passiert eigentlich, wenn wir wirklich in Forschung investieren? Wer sagt denn, daß die Produkte, die dabei schließlich herauskommen, nicht plötzlich auch in Indochina oder sonstwo hergestellt werden? Noch vor fünf Jahren ist unvorstellbar gewesen, was jetzt in Bangalore geschieht. Und längst ist der Prozeß im Gange, daß in China Hunderttausende von in Amerika hervorragend ausgebildeten chinesischen Heimkehrern in solchen Zentren arbeiten. Das sind keine Nachahmer, sondern sie werden selber kreativ. Es ist in der zeitlich sich überschlagenden Entwicklung überhaupt nicht vorhersehbar, ob nicht alles das, was wir hierzulande erfinden, am nächsten Tag ganz genauso in Indochina gemacht werden kann.

Ich meine, wir müssen das Kernproblem diskutieren: Was ist eigentlich mit der Arbeit, die wir hier zur Verfügung haben, und was verstehen wir darunter?

Helmut Schmidt:

Ohne Wagnis ist nichts auf der Welt, nicht einmal die Liebe. Einige Risiken und Wagnisse müssen wir also wohl auf uns nehmen.

Nun zu dem, was Wolfgang Thierse zur Frage der Finanzierbarkeit gesagt hat. Wer soll die zukünftige kommunikative oder soziale Dienstleistungsarbeit bezahlen? Darauf haben Sie geantwortet: die Kapitalisten. Sie haben das etwas anders ausgedrückt; Sie haben gesagt: die Bezieher von Kapitaleinkommen, von Dividenden und Zinsen.

Was passiert aber, wenn zu diesem Zweck die Besteuerung der Kapitalisten in Deutschland von 53 auf 63 und 73 Prozent erhöht wird? Das Kapital wandert aus. Hunderttausende von deutschen Studienräten, Rechtsanwälten, Zahnärzten und Angestellten haben doch schon ihre Ersparnisse nach Luxemburg verlegt, um der deutschen Zinsbesteuerung zu entgehen.

Ganz abgesehen davon können Sie zur Finanzierung von Millionen zukünftiger Sozialarbeiter nicht wenigen Millionen Kapitalisten das Geld aus den Knochen schneiden. Soviel ist das nicht; Sie müssen sich die Größenordnung der oberen Einkommensteuerklassen im Statistischen Jahrbuch einmal ansehen. Das wird nichts.

Wolfgang Thierse:

Ich habe ausdrücklich nicht von Sozialarbeit, sondern von sozialer Arbeit gesprochen. Volker Hassemer hat dasselbe noch einmal illustriert.

Wenn es dieser Gesellschaft nicht gelingt, nicht weniger, sondern sogar mehr Geld für Bildung, Qualifizierung, gesellschaftliche Kommunikationsprozesse, soziale Arbeit, soziale Dienstleistung im weitesten Sinne des Wortes auszugeben, dann werden wir mit genau dem Problem, das ich als Umschichtung im Arbeitsvermögen beschrieben habe, nicht fertig.

Es ist nicht die Frage, ob uns die Arbeit ausgeht. Die bezahlte Arbeit im traditionellen Sinne, für die das Modell der industriellen, produktiven Arbeit steht, geht uns aus. Dieser Vorgang findet ständig statt. Und darum geht auch der Streit, wie wir den Sozialstaat umbauen, zur Herstellung gleicher Bildungschancen, gleicher Sozialchancen. Davon habe ich geredet. Da geht es natürlich nicht nur um die Kapitalisten. Die sind aber auch dran; auch die werden in die Pflicht genommen.

Helmut Schmidt:

Wer außerdem noch?

Wolfgang Thierse:

Ein großer Teil derjenigen, die mehr verdienen und die entsprechend ihrem Anteil auch mehr zu den gemeinschaftlichen Leistungen beitragen. Es geht ja nicht anders. Sonst würden wir sagen: Politik gibt auf und schaut reglos den Umverteilungsprozessen zu, die jetzt stattfinden, im allgemeinen von unten nach oben und nicht umgekehrt.

Helmut Schmidt:

Aus der Sicht des Finanzministers darf ich nicht als erstes die Frage stellen, was vielleicht gerecht wäre, sondern ich muß als erstes fragen: Was kann funktionieren? Wenn ich weiß, wie etwas funktionieren kann, kann ich hoffen, daß es anschließend auch gerecht gestaltet wird. Ich gebe Ihnen ein Beispiel: Kurz vor Ostern habe ich bei einem Hamburger Juwelier wunderschöne kleine Ostereier aus Emaille gesehen, mit Gold eingelegt; sie sahen aus wie Fabergé-Eier. Ein Fabergé-Ei würde einige tausend Mark kosten. Ich habe den Juwelier gefragt, was die Eier kosten würden, wenn er sie in Deutschland herstellen ließe. Er sagte, mindestens 200 bis 300 Mark. Er verkaufte sie aber für 16,80 Mark. Sie kamen aus China, die Kosten für den Zwischenhandel, den Transport und so weiter sind in dem Preis also auch noch enthalten. Wahrscheinlich sind sie für etwa 8,50 Mark hergestellt worden.

Das bleibt so. Es kann niemals funktionieren, daß wir in Deutschland solche Eier herstellen und die dann auch verkaufen; denn es gäbe niemanden, der sie auch bezahlen wollte.

Wir liefern den Chinesen und anderen Asiaten – natürlich auch den Russen und anderen Osteuropäern, vor allem aber den Asiaten – Investitionsgüter, Maschinen aller Art, elektronische Apparate, und wir beziehen Konsumgüter wie diese kleinen Ostereier oder Ginseng. Von hundert Fernsehgeräten – ein langlebiges Konsumgut –, die hier in Berlin verkauft werden, stammen neunzig aus Ostasien.

Wir beziehen Investitionsgüter aus Japan und aus Korea schon lange; aber wir werden Investitionsgüter schon morgen auch aus China, aus Indonesien, aus Vietnam und aus Indien beziehen. Auf diese Weise wird also auch in China die Arbeit so bald nicht ausgehen.

Es gibt ein Land in Ostasien, in dem der Anfang dafür zu sehen ist, daß die Arbeit ausgeht. Das ist Japan. Japan war 1960 noch dreißig Jahre hinter uns zurück und hat uns inzwischen auf manche Weise überholt oder zumindest eingeholt. Wir hatten unseren Schiffbau an Japan verloren, die Japaner haben ihn inzwischen an Korea abgegeben. Japanische Schiffe sind zu teuer. Alle großen Container kommen aus Korea oder aus anderen Ländern.

Nun wird gesagt, wir müßten die Arbeit umverteilen oder das Geld umverteilen, was auf dasselbe hinausläuft. Das ist der Effekt, den Wolfgang Thierse eben ansprach. Mir gefällt die Fragestellung nicht, weil sie statisch bleibt. Umverteilung heißt immer, innerhalb eines bestimmten Rahmens dem einen etwas nehmen und dem anderen etwas geben.

Aber die Bevölkerung im Rest der Welt explodiert. Am Anfang dieses Jahrhunderts gab es 1,6 Milliarden Menschen; heute sind es sechs Milliarden. Im Jahre 2020 werden es über acht Milliarden Menschen sein. Die werden alle billige Konsumgüter herstellen. Und wir werden ihre Erzeugnisse kaufen, weil sie billiger sind als unsere eigenen. Angesichts dieser Entwicklung der Welt bleibt es dabei, daß wir den Wirkungen der Weltmärkte nicht entgehen, es sei denn, wir bieten auf den Weltmärkten etwas, was die anderen noch nicht bieten können. Um Arbeitsplätze zu schaffen, muß ich deregulieren, muß ich forschen, muß ich technologische Entwicklungen zustande bringen.

Wir haben es mit unserer Regulierung so weit gebracht, daß die Stadt Hamburg genauso viele Richter beschäftigt wie ganz England, und trotzdem dauern die Prozesse ewig. Wir sind verrückt geworden mit unserer Regulierung. Es kann überhaupt kein vernünftiger Mensch in einem Unternehmen mehr planen, eine neue Fabrik in Westdeutschland zu errichten, es sei denn, er kalkuliert von vornherein ein, daß es sechs Jahre dauert, bis er den ersten Spatenstich tun kann. Dann muß er sich von seinem Finanzvorstand vorrechnen lassen, daß es nur zwei Jahre dauert, wenn er denselben Spatenstich in der Tschechei machen will, und daß dies in China nur ein halbes Jahr dauert.

Wir fangen aber nicht einmal an, das alles zu ändern. Wir schaffen sogar jedes Jahr neue Gesetze. Alles, aber auch wirklich alles wird in Deutschland reguliert. Da muß man sich nicht wundern, wenn auch diese Umverteilung hinterher nur in einer neuen, zusätzlichen Regulierung endet.

Marion Dönhoff:

Egon Bahr sagte, der Westen hat seinen Konkurrenten verloren, und jetzt kann er sich eigentlich tummeln, wie er will. Ich frage mich: Wer kann denn glauben, daß eine Gesellschaft wie die amerikanische weiter bestehen kann, in der in zwanzig Jahren die Reichen zwanzig Prozent reicher und die Armen zehn Prozent ärmer werden? Wenn die sich weiter tummeln mit diesem Kapitalismus ohne Grenzen, weiß ich nicht, wie das ausgehen wird.

Wenn ich nur, worüber wir hier schon des öfteren gesprochen habe, an diese riesigen Finanzströme rund um den Globus denke, mit denen die Anleger ihr Geld von Börse zu Börse schaffen, ohne daß entsprechende Sachwerte vorhanden sind, dann frage ich mich: Was bedeutet das eigentlich? Heißt das nicht, daß nicht die Politiker und die Regierungen die Entwicklung der Welt steuern, sondern in Wahrheit die Spekulanten, während die Politiker nur hinterherlaufen?

Friedrich Dieckmann:

Die Diagnosen sind klar, die Therapie ist unklar. Edzard Reuters Wort, sozialer Sprengstoff liege in der Luft, hat mir sehr zu denken gegeben; die andern Lagebestimmungen haben das nicht entkräftet. »Es geht gut, solange es gutgeht«, lautet eine systemtheoretisch einwandfreie Aussage. Niklas Luhmann hat sie innerhalb einer Untersuchung getroffen, die die Selbstbezüglichkeit der gesellschaftlichen Regelkreise betraf, deren »autopoietische« Abgelöstheit von der Realität. Welche Ursachen könnten dazu führen, daß es nicht mehr gutgeht, weil die Realität in die Selbstgenügsamkeit der Regelkreise einbricht? Das Ende des Erdöls – man rechnet für die Mitte des kommenden Jahrhunderts damit – wäre ein Faktor, der das derzeitige Gesamtsystem, das wesentlich auf einem irreal niedrigen Rohölpreis beruht, aus den Angeln heben würde; schon eine wesentliche Preiserhöhung für fossile Energieträger würde eine andere Wirtschafts- und Gesellschaftsordnung erzwingen. Das Bewußtsein für die Abhängigkeit der derzeitigen Weltordnung vom Benzinpreis ist erstaunlich wenig entwickelt – es geht gut, solange es gutgeht. Kräfte, die eine sich überschlagende Produktivitätsentwicklung dämpfen könnten, sind nicht zu erkennen, offenbar ist es dem Menschen nicht gegeben, Krisenfaktoren aktiv zu antizipieren; erst, wenn der Notstand da ist, wird er ernst genommen. Luhmanns Bestimmung, daß alles so weitergeht, bis es nicht mehr weitergeht, ist gewiß nicht simplistisch gemeint, der Autor fügt den Satz hinzu: »Und der technische Rat zielt auf Wechsel der Präferenzen.«

Wolfgang Thierse:

Es ist vielleicht eine der dramatischen Erfahrungen, daß es im Moment ein Mißverhältnis gibt zwischen der Internationalisierung der ökonomischen Prozesse und einer mangelnden Internationalisierung von Politik.

Ich bin hier in Berlin mit den Bauarbeitern marschiert. Es war eine Stimmung aus Wut und Resignation, hart am Rande der Aggressivität. Das war sehr verständlich, denn die Bauarbeiter marschierten ständig an Baustellen vorbei. Berlin ist die größte Baustelle Europas – und es gibt in Berlin und in Brandenburg über 40 000 arbeitslose Bauarbeiter. Das muß Wut erzeugen.

Die Gründe dafür liegen auf der Hand. Das Entsendegesetz greift nicht richtig, und auf hiesigen Baustellen werden ausländische Arbeitskräfte auf geradezu brutale Weise ausgebeutet.

Helmut Schmidt:

Nach ihrem eigenen Verständnis werden zum Beispiel polnische Arbeiter nicht ausgebeutet, sondern sie verdienen hier, was sie in Krakau nicht verdienen würden.

Wolfgang Thierse:

Es gibt eine Tarifvereinbarung, wonach auf den hiesigen Baustellen ein Mindestlohn von etwas über 16 Mark zu bezahlen ist. Tatsächlich werden auf den Baustellen in Berlin und Ostdeutschland niemals mehr als acht Mark bezahlt, meistens sogar noch weniger – formell ist es mehr, weil Kosten für Transport und Unterkunft hinzugerechnet werden.

Helmut Schmidt:

Wenn es gelingen würde, würden jedenfalls die deutschen Löhne und Sozialstandards abgesenkt werden müssen. Wenn wir eine europäische Sozialcharta vereinbaren, gibt es einen Durchschnitt zwischen portugiesischen, schwedischen und polnischen Löhnen.

Wolfgang Thierse:

Darüber brauchen wir gar nicht zu reden. Wir waren uns ja bis dahin einig, daß die Fortsetzung des Wohlstandswachstums, wie sie der Westen gewohnt war, in Zukunft nicht mehr gegeben sein wird. Wenn wir aber eine bestimmte Art von zügelloser Konkurrenz nicht durch eine einigermaßen vernünftige, den Markt nicht völlig außer Kraft setzende Politik eindämmen, weiß ich nicht, wie man den Prozessen, vor denen wir stehen und die eine soziale Explosivkraft entfalten, überhaupt noch Einhalt gebieten soll.

Egon Bahr:

Für mich ist aus unserer Diskussion folgendes herausgekommen:

Erstens. Der Nationalstaat kann die Sache nicht mehr so regulieren, wie er es noch vor einiger Zeit konnte. Und selbst bei Programmen der Innovation, die sicher nötig sind, wären wir mit der Möglichkeit konfrontiert, daß die Ergebnisse der Innovation dorthin getragen werden, wo man damit leichter Geld verdienen kann.

Zweitens. Wenn es nicht mehr gelingt zu verhindern, daß die produktive Seite des Kapitals im nationalen Rahmen keine Steuern mehr bezahlt, muß man sich überlegen, wie man sie dazu verpflichten kann, übernational ihre Abgaben zu entrichten. Kapitalbewegungen im Interesse nicht nur des deutschen Staates, sondern im Grunde aller Staaten zu einer Abgabe zu bringen oder gar zu zwingen, ist für mich dann die einzig mögliche Konsequenz, die sich aus unseren Überlegungen ergibt.

Helmut Schmidt:

Ich möchte vor der Illusion warnen, daß eine europäische Sozialcharta die Lage in Deutschland erleichtern würde. Wir liegen in Deutschland mit den Reallöhnen hinter Luxemburg an der Spitze Europas. Eine Generalisierung von Sozialleistungen, von Sozialversicherungsbeiträgen, von Löhnen und von Lohnsteuern müßte dazu führen, daß die Deutschen ihren Lebensstandard gegenüber heute absenken. Sie wird aber nicht zustande kommen.

Ich meine, hier muß dem deutschen Volk einiges gesagt werden: Unser Lebensstandard ist nicht zu halten. Wir müssen die Angst vor Neuerungen verlieren. Wir müssen Gesetze abschaffen. Wir müssen die Steuern und alle möglichen anderen Dinge durchsichtig machen. Es hat auch gar keinen Zweck, dem deutschen Volk die Wahrheit zu verweigern. In Wirklichkeit ist der Mann auf der Straße bereit, einer politischen Führung oder einer Regierung zu glauben, wenn er das Gefühl hat, sie sagt wirklich das, was sie für wahr hält; dann ist er auch bereit, den Gürtel enger zu schnallen. Da ihm aber niemand die Wahrheit sagt, weder der Präsident des Bundesverbandes der deutschen Industrie noch der Bundeskanzler oder der Vorsitzende des Deutschen Gewerkschaftsbundes, muß man sich nicht wundern, wenn dieser Schlendrian ewig so weitergeht. Der Bundestag beschließt jede Woche zusätzliche Regulierungen, aber keine wird aufgehoben.

Ein solcher Gesundungsprozeß, wenn er heute eingeleitet werden würde, würde aber mindestens fünf bis zehn Jahre dauern. Dann aber trifft zu, daß die neuen Produkte, die zum Beispiel Siemens auf den Markt wirft, auch irgendwo in Ostasien hergestellt werden können. Und dann muß Siemens eben wieder neue Produkte auf den Markt werfen. Aber Siemens hat zehn Jahre geschlafen und sich auf den Kapitalerträgnissen seiner Liquidität ausgeruht; das

Finanzergebnis bei Siemens war über diese Zeit größer als das operative Ergebnis. Wir sind, was wirtschaftliche Freiheit der Unternehmen angeht, vor zwanzig Jahren in der allerersten Gruppe gewesen. Heute stehen wir an Nummer sechzehn, und wenn wir so weitermachen wie in den letzten Jahren, werden wir demnächst auf Platz neunzehn sein.

Dieter Grimm:

Es wäre wohl falsch, wenn wir zurückgelassen würden mit dem Eindruck, das einzige Rezept sei die Deregulierung. Ein Ausmaß an Deregulierung, das uns wieder wettbewerbsfähig machen würde mit denjenigen Ländern, die heute Arbeitsplätze aus Deutschland abziehen, wäre nicht möglich, es sei denn, wir würden das Grundgesetz abschaffen oder wir würden soziale Kosten in Kauf nehmen, die sich politisch nicht mehr decken ließen.

Die Frage ist aber auch, ob Deregulierung in einem solchen Ausmaß überhaupt wünschenswert ist. Die Gesellschaft produziert schließlich aufgrund des wissenschaftlichen Fortschritts dauernd Probleme, die einer Lösung bedürfen.

Gerade ist die Nachricht gekommen, Chromosomen könnten jetzt künstlich hergestellt werden. Damit habe ich die Möglichkeit, daß sich für die Menschheit einiges bessert. Es besteht aber auch die Möglichkeit, daß die neue Errungenschaft zum Schlechten eingesetzt wird.

Es gibt also hier wie bei jeder wissenschaftlich-technischen Neuerung Möglichkeiten, in diese oder in jene Richtung zu gehen. Man kann darüber streiten, welche besser und welche schlechter ist. Und dann hilft gar nichts anderes, als daß sich eine Gesellschaft darüber verständigt, wie sie diese neuen Möglichkeiten nutzen will. Diese Verständigung aber wird sie in Recht formulieren, weil es sonst eine Verständigung wäre, die nichts bewirkt.

Die einfache Entgegensetzung von Regulierung und Deregulierung bringt uns also gar nichts. Wir müssen uns die Frage stellen: Wo regulieren wir und wo deregulieren wir?

Giuseppe Vita:

Ein Kollege von mir bei Hoechst hat ausgerechnet, daß er 2200 verschiedene Gesetze, Reglementierungen, Erlasse berücksichtigen muß, bevor er einen Grundstein legen kann. Und noch schlimmer ist, und das ist in Deutschland passiert: Nachdem er nach allen möglichen Genehmigungen eine Bio-Tech-Firma gebaut hatte, hat er nicht die Genehmigung bekommen, mit der Firma zu produzieren, weil er ein biotechnisches Produkt herstellen wollte und inzwischen die politische Situation im Land Hessen eine andere war. Schering, Bayer, BASF, wir sind alle mit der Biotechnologie ausgewandert. Mein Produkt Nummer 1 wird in den USA erforscht und produziert, weil das in Deutschland vor zehn Jahren verboten war. Aber ich kann nicht warten, bis Deutschland die Gesetze ändert. Ich muß mit der Konkurrenz dieser Welt laufen. Also muß ich auswandern.

Ernst Joachim Mestmäcker:

In Kalifornien hat es zunächst stark eingeschränkte Vorschriften zur Gentechnologie gegeben. Die sind korrigiert worden, nachdem man festgestellt hat, daß man Gefahren bekämpft hat, die es nicht gab. Das ist der Prozeß, auf den wir hoffen.

Volker Hassemer:

Das ist doch immer so, und man muß sich dessen bewußt sein: Die Vorschriften sind zu einem Zeitpunkt erlassen worden, zu dem es offenbar die Erkenntnis gab, daß es ein Maß von Gefahren gibt, das solche Vorschriften verlangt. Nun muß geprüft werden, ob der heutige Erkenntnisstand anders ist und gegebenenfalls Vorschriften zu ändern sind.

Helmut Schmidt:

Für die ganze Gen-Technik genügt ein einziger Paragraph: Eingriffe in die menschliche Keimbahn sind verboten! Alles andere sollte man der Forschung überlassen.

Giuseppe Vita:

Und auch das nicht, wenn Sie mit dem Eingreifen in menschliche Keimbahnen Krankheiten vermeiden können.

Helmut Schmidt:

Darüber würde ich dann reden wollen, wenn entsprechende wissenschaftliche Vorschläge vorliegen. Zur Zeit würde ich tatsächlich die ganze Regulierung auf diesen einen Satz beschränken.

Giuseppe Vita:

Die theoretische Möglichkeit, daß Erbkrankheiten nicht entstehen, ist gegeben. Wenn jetzt nicht erlaubt wird, in dieser Richtung zu forschen, werden Sie nie die Lösung finden.

Helmut Schmidt:

Forschung würde ich nicht verbieten. Die sollen das mit Schweinen ausprobieren.

Edzard Reuter:

Ich glaube, daß diese Diskussion, die wir hier geführt haben, so hitzig sie gewesen ist, vielleicht auch so unstrukturiert, wie man heute zu sagen pflegt, gezeigt hat, wie wichtig es wäre, daß dieses Thema einmal kontrovers und öffentlich angegangen wird.

Das Problem ist, wie ich meine, ganz weitgehend auch ein sozialpsychologisches Problem: Entweder wird uns von den Leuten, die sich ständig gegenseitig die Köpfe einschlagen, die aber in Wirklichkeit nur auf das nächste Wahlergebnis schielen, nur etwas vorgemacht, oder wir sind anonymen Kräften ausgeliefert, als da sind die Kapitalmärkte und dergleichen, und wir können gar nichts tun. Was schert das aber den jungen Menschen, der gerade zu studieren anfängt, aber eben nicht weiß, welchen Job er übermorgen bekommen kann, geschweige denn, was ihn in zwanzig Jahren erwartet?

Dieses Problem kann man nur aus der Welt schaffen – da stimme ich Helmut Schmidt zu –, wenn endlich die Wahrheit gesagt wird: daß dieses ein kardinales Thema ist, auf das im Augenblick niemand eine Patentantwort geben kann, und daß wir zur Lösung dieses Problems Zeit brauchen.

Die Mittwochsgesellschaft
vom 18. Juni 1997

Ein grundsätzlicher Wandel des Stiftungsrechts ist erforderlich

Antje Vollmer:

Um die Jahrhundertwende gab es in Deutschland etwa 100 000 Stiftungen, während heute noch circa 8 000 existieren. Manche dieser damaligen Stiftungen entstammten einem kirchlichen oder auch adligen Hintergrund, im Kern aber war es das Bürgertum, das die Blütezeit des Stiftungswesens kreiert hatte. Hinter diesem bürgerlichen Engagement steckte ein Moment von öffentlicher Selbstdarstellung, das im Gemeinwesen sichtbar bleiben und etwas Neues und Bleibendes schaffen wollte, das mit dem eigenen Namen und der eigenen Lebensleistung verbunden war. Aber ebenso kam darin die Opposition gegen den Feudalismus zum Ausdruck. Dieser bürgerliche Gestaltungswille hat das soziale und kulturelle Leben gerade in den europäischen Städten sehr bereichert und ist nicht selten zum Vorläufer sozialstaatlicher Einrichtungen und Bewegungen geworden.

Um die Jahrhundertwende kam ein sehr großer Teil der Stifter aus dem jüdischen Bürgertum. Stiftungen waren eine Möglichkeit, die wachsende Bedeutung der jüdischen Bürger für das Gemeinwesen selbstbewußt sichtbar zu machen und damit auch ein Stück öffentlicher Anerkennung zu gewinnen. Sie waren selbst Ausdruck der Emanzipation der Juden in der offenen bürgerlichen Gesellschaft; so gehören die Stiftungen mit in die Geschichte dieser Emanzipationsbewegung hinein.

Dies erklärt auch, warum es in den Zeiten des Nationalsozialismus einen großen Verlust an Stifterpersönlichkeiten und an Stiftungen gegeben hat. Die nationalsozialistische Ideologie war nicht nur antisemitisch, sondern immer auch antibürgerlich. Aber auch der Sozialismus liebte eine solch demonstrative Selbstdarstellung bürgerlichen Selbstbewußtseins keineswegs und teilte das antibürgerliche Ressentiment, so daß auch die DDR keine Renaissance dieser Institutionen ermöglichte. In der Bundesrepublik gab es zwar eine gewisse Kontinuität in der Gesetzgebung, doch auch hier herrschte überall der Gedanke vor, daß für alles, was kulturell und sozial wichtig ist, vor allem der Staat einstehen und sorgen muß. Die Vorherrschaft dieses Denkens wurde in der sozial-liberalen Ära noch gestärkt, so daß es kein Zufall ist, daß das endgültige Scheitern des Versuchs einer umfassenden Reform des Stiftungswesens in diese Zeit fällt.

Schulgründungen, Wissenschaftsstiftungen, Forschungsstätten, soziale Innovation – all dieses gehörte in die Stiftungstradition hinein, die bei uns über 50 bis 80 Jahre wenig Konjunktur hatte. Dies ist vielleicht noch zu vorsichtig ausgedrückt, denn teilweise wurde die Kultur und das bürgerliche Selbstverständnis, das sich in Stiftungen ausdrückt, regelrecht lächerlich gemacht und einzelne Stifter aufgrund ihres Engagements öffentlich diffamiert.

Ich glaube, daß jetzt die Zeit reif ist für eine Neubewertung der Stiftung als Institution. Kampagnen wie die des Hannoveraner Professors Dr. Christian Pfeiffer »Anstiftung zum Stiften« oder die Kölner Aktion »Schenken – Stiften – Engagieren« belegen dies. In einer Periode wachsender öffentlicher Armut und großer Verteilungskämpfe, zum Beispiel zwischen dem Kultur- und dem Sozialbereich, in einer Zeit enorm wachsenden privaten Reichtums ist es wichtig, auch politisch die richtigen Signale zu setzen. Dies um so mehr, als allein in den nächsten fünf Jahren voraussichtlich 2,6 Billionen Mark privaten Vermögens vererbt werden. Aufgrund der demographischen Entwicklung der Bundesrepublik kommt es zu einem gesteigerten trichterförmigen Konzentrationseffekt: Viele Großmütter und Großväter, Tanten, Onkel und Eltern vererben ihr Vermögen an immer weniger Enkel, Nichten, Neffen und Kinder. Es ist geradezu eine Frage der Intelligenz der Politik, ob sie es versteht, diesen Erben zu vermitteln, daß sie mit ihrem privaten Reichtum etwas mehr tun können, als ihn beispielsweise in Immobilien im Osten aus Steuervorteilsgründen oder im internationalen Aktienhandel einzusetzen.

Auch im neunzehnten Jahrhundert gab es diesen »Buddenbrooks-Effekt«: Nach der Gründergeneration, die den Grundstock der Entwicklung für Industrie und Handel legte, nach der Generation, die Erhalt und Vergrößerung des Familienunternehmens besorgte, suchte die dritte Generation oft nach zusätzlichen, teils philantropischen, teils kulturellen Möglichkeiten, ihre eigene Handschrift in der sozialen Umgebung zu hinterlassen. Warum sollte dies heute, in der dritten Generation nach der Gründung der Bundesrepublik und nach dem Wiederaufbau einer äußerst wohlhabenden Gesellschaft nicht noch einmal gelingen? Allerdings müssen dafür einige positive staatliche Angebote gemacht werden, und es muß sich auch das kulturelle Umfeld dieser potentiellen Stifter der dritten Generation ändern.

Natürlich haben sich alle sozialen Daten grundlegend geändert; kaum einer will noch vom Bürgertum im traditionellen Sinne sprechen, sondern eher von den Anzeichen einer neuen Bürgergesellschaft. Gerade dafür können Stiftungen so etwas wie eine Generationenhandschrift tragen. Sie können zeigen, daß wir heute, nach dem Kahlschlag des Nationalsozialismus, der Aufbaugeneration der ersten bundesrepublikanischen Jahre und dem Aufbruch der zweiten, der achtundsechziger Generation, in einer bürgerlich-demokratischen Tradition angekommen sind, die nach ihren eigenen Ausdrucksformen sucht. Zu dieser Generationenhandschrift gehört auch, all das zu sichern, was an neuen sozialen und kulturellen Bewegungen hinzugekommen ist: von der Emanzipation der Frauen, der grundlegenden Erneuerung der Erziehung, bis zu den selbstbewußten Kulturen der Homosexuellen und den vielfältigen Impulsen einer Einwanderungsgesellschaft. Schon immer ist in den Stiftungen das vorexperimentiert worden, was später Einfluß nahm auf soziale und kulturelle staatliche Reformen. Auch für uns achtundsechziger steht vermutlich im Verhältnis zum Gemeinwesen eine deutliche Korrektur an. Aufgrund unserer Herkunft, unserer Ausbildung, unseres sozialen Status, unserer Weltläufigkeit und aufgrund unseres Bewußtseins von sozialen Zusammenhängen hätten wir eigentlich jede Möglichkeit, in einer solchen Weise tätig zu sein. Was aber hindert uns? Es hindert dieses immer perpetuierte Gefühl, daß zwar alle wissen, was getan werden müßte, daß aber dann umgehend und zur sofortigen Erledigung jedes Weltproblems an die staatlichen Instanzen verwiesen wird, nach dem Motto: »Meine staatsbürgerliche Aufgabe besteht darin, den Staat deutlich auf seine Aufgaben hinzuweisen.« So entsteht bei denen, die sich am ehesten als Initiatoren einer Bürgergesellschaft begreifen müßten, eine gespaltene Existenz. Einerseits die genaue Kenntnis all dessen, was es an sozialen, kulturellen und kreativen Formen geben könnte, verbunden mit dem Bewußtsein des eigenen privilegierten sozialen Milieus, andererseits die klare Erkenntnis, daß es in diesem Umfeld niemals akzeptiert würde, sich als Stifterpersönlichkeit zu »outen«. Man muß sich das Schicksal von Peter Ludwig und anders auch von Jan Philipp Reemtsma sehr genau angucken, wenn man erfahren will, wie quälend es sein kann, sich in dieser Weise zu engagieren und öffentlich zu erkennen zu geben.

Wer mehr Stiftungen will, darf also auch der gesellschaftlichen Diskussion nicht ausweichen, die die Akzeptanz von Stiftern in dem sie umgebenden Milieu verbessert. Aber das klärt nur die Vorfragen. Die Politik kann und muß einige konkrete Schritte unternehmen, um das Stiften zu erleichtern und mehr Anreize zu schaffen. Rechtlich gesehen kommen dafür zwei Bereiche in Betracht, das bürgerliche Recht und die verschiedenen Steuergesetzgebungen, also Erbschaft- und Einkommensteuern. In Anbetracht der enormen Summen, die in unserer Gesellschaft vererbt werden, kann und muß die Erbschaftsteuer deutlich erhöht werden. Dies gilt vor allem für diejenigen, die nicht zur unmittelbaren Familie des Erblassers gehören. Gleichzeitig aber sollten wir nach Wegen suchen, wie die Möglichkeit, ein Erbe ganz oder teilweise in eine Stiftung einzugeben, auch steuerlich höchst attraktiv gemacht werden kann. Wir Bündnisgrünen sind zur Zeit dabei, einen entsprechenden Gesetzentwurf vorzubereiten. Bei den unterschiedlichen Stiftungsmodellen, die es gibt, zum Beispiel Familienstiftungen, Firmenstiftungen, politische Stiftungen, geht es unserer Initiative fast ausschließlich um die gemeinnützigen Stiftungen. Der Begriff Stiftung ist in unserem Recht nämlich nicht allein den gemeinnützigen Institutionen vorbehalten; eigentlich ist jeder Zweck, der nicht gegen das Gesetz verstößt, zur Zeit zulässig. Wir haben bei unserem grünen Reformvorschlag zunächst die Idee geprüft, zukünftig den Namen »Stiftung« zu schützen und nur für gemeinnützige Zwecke zuzulassen. Dies ist allerdings aus vielen Gründen nicht praktikabel. Doch wollen wir mit Hilfe eines Registers die Kategorie der »eingetragenen Stiftung« als Gütesiegel schaffen, von der jeder Bürger oder Interessent dann weiß, daß sie ausschließlich gemeinnützigen Zwecken dient.

Die andere Seite der gesetzgeberischen Arbeit bezieht sich auf das bürgerliche Recht, welches die Struktur, die Rechtsform und die Zulässigkeit von Stiftungen regelt. Hier gibt es aus historischen Gründen kein einheitliches Bundesrecht. Jedes Land hat – neben ein paar allgemeinen Bestimmungen im BGB – ein eigenes Stiftungsrecht. Dieses variiert so sehr, daß in Stifterkreisen von »stiftungsfreundlichen« (zum Beispiel Hamburg) und »stiftungsfeindlichen« Ländern (zum Beispiel Baden-Württemberg und Nordrhein-Westfalen) die Rede ist. Ein Versuch, eine bundeseinheitliche Regelung einzuführen, ist schon in den sechziger und siebziger Jahren gescheitert. Gleichwohl gibt es Möglichkeiten, auch unterhalb der Ebene einer Radikalreform Verbesserungen einzuführen. So wollen wir durch die Einführung eines Stiftungsregisters bundeseinheitlich weg von den heute notwendigen Genehmigungsverfahren, die den Bürokratien allzuviel Spielraum gegenüber den potentiellen Stiftern einräumen. Gleichzeitig wird die Rechnungslegung der Stiftungen modernisiert und transparenter gemacht, so daß die immer drohende Möglichkeit des Mißbrauchs kein ernstzunehmender Einwand mehr sein kann. Auch die sehr restriktive Auflage, daß eine Stiftung keine ausreichenden Rücklagen bilden kann, muß überdacht werden. Manche Stiftungsgesetze sind so restriktiv gegenüber der Stifterpersönlichkeit, daß diese meist sich nach dem Stiftungsakt »in Luft auflösen« soll.

Aber es geht nicht nur um große Stiftungen und bedeutende Stifterpersönlichkeiten. Es ist äußerst interessant und lohnend, auch ganz neue Möglichkeiten anzudenken. Wichtig ist es auch, Stiftungsformen zu unterstützen, bei denen es um relativ geringe Mittel geht, so daß sich viele Menschen auch mit wenig Geld daran beteiligen können. In den USA gibt es ein Modell, das vor allem von den Kommunen praktiziert wird: Eine Gemeinde kann viele Bürger veranlassen, sich mit kleinen Beträgen für einen bestimmten Zweck – beispielsweise zur Erhaltung einer Theaterlandschaft – zu engagieren. In der gleichen Höhe, in der die Spenden der Bürger erbracht werden, gibt die Gemeinde aus öffentlichen Mitteln bis zu einem bestimmten Höchstbetrag Geld dazu. Dies ist eine Chance dafür, daß die öffentliche Diskussion beginnen kann darüber, was eine bestimmte kulturelle und soziale Leistung den Bürgern wert ist, was sie selbst als Teil ihres Gemeinwesens gestalten wollen. Man sollte die Idee »Anstiften zum Stiften« also nicht nur an diejenigen herantragen, die über große Vermögen verfügen, sondern man sollte alle dazu ermutigen, insgesamt eine Atmosphäre zu schaffen, in der Stiften zur bürgerlichen Selbstverständlichkeit und zum bürgerlichen Selbstverständnis gehört.

Gerade auch bildende Künstler sind häufig sehr daran interessiert, ihr Werk der Nachwelt zu hinterlassen. Ihnen fehlt es hierzu aber häufig, insbesondere wenn sie ausschließlich vom Verkauf ihrer Werke leben müssen, an Bargeld. Nach heutigen Anforderungen kann niemand eine Stiftung nur mit wertvollen Gemälden errichten, wenn er nicht gleichzeitig einen erheblichen Kapitalstock vorweisen kann, den er dann aber nicht wieder antasten darf. Hier suchen wir nach Ideen, die die Möglichkeit, Sachwerte in eine Stiftung einzubringen, verbessert.

Es gibt also eine Menge Einschränkungen rechtlicher und sozial-psychologischer Art, die überprüft werden müssen, wenn wir eine breite Initiative von kleinen und großen Stiftern ermöglichen wollen.

Gegenwärtig ist die Zeit für eine solche Initiative dennoch so günstig wie nie. Auch in Kreisen der deutschen Industrie besteht ein großes Interesse an Stiftungen, an Stiftungsmöglichkeiten, an Stiftungsgesetzgebungen und -koordinierungen. Da alle sehr wohl sehen, daß die öffentliche Hand nicht mehr alles leisten kann, ist ein solcher Versuch richtig und notwendig. Denn es geht ja nicht nur um neue Wege, an altes Geld heranzukommen. Es geht auch um die Möglichkeit, die kreative Energie, die Sachkompetenz und den persönlichen Elan Tausender von Menschen abzurufen und damit in schwierigen Umbruchszeiten insgesamt die Lebensqualität dieser Republik zu erhöhen. Jedenfalls gibt es nach meiner Beobachtung immer mehr Menschen, die darauf verstärkt eingehen würden, wenn man ihnen den Weg dorthin etwas ebnet und das öffentliche Ansehen dieser Form von Engagement in der Bürgergesellschaft verbessern würde.

Diese ganze Debatte um die Stiftungskultur ist ein Äquivalent zu jener Debatte über die »Volunteers-Bewegung«. Nach dem Vorbild der USA, Englands und der Niederlande gibt es auch bei uns zunehmend Freiwilligen-Initiativen, die wenig mit den klassischen Ehrenämtern gemein haben. In den großen Bürgergesellschaften gilt, daß es eigentlich für jeden Bürger selbstverständlich sein sollte, daß er neben seiner Berufstätigkeit und neben seinem Privatleben einen dritten Teil seines Zeitbudgets für soziale Zwecke einsetzt. Die Bereitschaft dazu wächst auch bei uns. Jeder stiftet, was er stiften kann. Der eine stiftet Geld und Ideen, und der andere stiftet eben von seiner persönlichen Zeit, indem er sich für das Gemeinwesen engagiert.

Beides hat den gleichen Wert, und beides kann nur in einer Atmosphäre gedeihen, in der zur Selbstverständlichkeit wird, daß dieser Staat vom Engagement und von der Kreativität seiner Bürger lebt und nur mit ihrer Hilfe die Innovation des öffentlichen Sektors gewährleistet ist.

Diskussion

Ernst Joachim Mestmäcker:

Wir müssen das Steuerrecht und das private Stiftungsrecht trennen. Die Fragen, zu denen Sie sich geäußert haben, betrafen überwiegend das private Stiftungsrecht. Sie sind dabei ausgegangen von der These, es gebe so etwas wie eine europäische Bürgergesellschaft, und da ist die Stiftung Teil der Tradition.

Dies ist allenfalls für England richtig; für Frankreich ist es ganz unrichtig, und Deutschland steht etwa in der Mitte. Die von Ihnen genannte Gesetzgebung in Baden-Württemberg ist nach wie vor stark vom französischen Vorbild beeinflußt, und der Grund für die geschilderte Handhabung besteht dort darin, daß in der französischen Tradition das Gemeinwohl dezidiert Sache des Staates ist. Infolgedessen gibt es eine ganz strenge Aufsicht und Genehmigungspflicht für Stiftungen. Die Zahl der Stiftungen in Frankreich ist demgemäß auch verschwindend gering, von einem »Stiftungswesen« kann man eigentlich kaum sprechen.

Dieser Konflikt erklärt, warum das Stiftungsrecht nicht in die Kodifikation des Bürgerlichen Gesetzbuches einbezogen worden ist, sondern Sache der Landesgesetzgebungen geblieben ist. Dies hat zur Folge, daß die Stiftung als Rechtsform in unserer Rechtsordnung in den einzelnen Ländern prinzipiell – in verschiedenen Graden – gegenüber den verfolgten Zwecken neutral ist. Sie können beliebige Zwecke in die Rechtsform einer selbständigen Stiftung bringen; Sie können Unternehmen damit betreiben, und Sie können damit wohltätige Zwecke verfolgen.

Helmut Schmidt:

Antje Vollmer hat in Wirklichkeit nur gemeinnützige Stiftungen gemeint.

Ernst Joachim Mestmäcker:

Ich versuche nur darauf hinzuweisen, daß es bei uns einen Gleichlauf von Gemeinnützigkeit und Stiftung nicht gibt. Diesen Gleichlauf gibt es im englischen und amerikanischen Stiftungsrecht, bei dem sogenannten Charitable Trust. Und da gibt es zwei ganz entscheidende Einschränkungen. Charity hat natürlich den religiösen Hintergrund. Aber im modernen Stiftungsrecht sind stiftungsunfähig zwei Zwecke: Das eine ist die Politik, und das andere sind eigennützige Zwecke, unternehmerische Zwecke eingeschlossen.

Daraus ergibt sich im amerikanischen Recht ein weiter Gleichlauf zwischen dem privaten und dem steuerlichen Stiftungsrecht. Gleichzeitig gibt es im Grunde – das ist in unserer Diskussion zu wenig bemerkt worden – keine Unternehmensträgerstiftungen mehr. Diejenigen Stiftungen, die aus Unternehmensvermögen gespeist werden und die zunächst die Aktien dieser Gesellschaften bekommen, sind, wenn sie den Status von Charities behalten wollen, verpflichtet, diese Aktien innerhalb einer bestimmten Zeit auf dem Kapitalmarkt abzustoßen, weil die Begünstigung eines bestimmten Unternehmens durch das Stiftungskapital unzulässig ist.

Gleichzeitig ist natürlich außerordentlich wichtig der Ausschluß politischer Zwecke, vor allem der Ausschluß aller derjenigen Zwecke, die für den demokratischen Willensbildungsprozeß eine Rolle spielen. Dies ist natürlich die alte Vorstellung, daß die Demokratie nicht zur Plutokratie werden soll, daß man also nicht mit Hilfe von auch noch privilegierten, dauernd gebundenen Vermögen Politik treiben können soll.

Wenn Sie diese Gesichtspunkte nehmen, dann werden Sie feststellen, daß eine ganze Reihe der von Ihnen als wünschenswert bezeichneten Aktivitäten mit Sicherheit mit einem rechtspolitisch entsprechend gedachten Stiftungsrecht, wie ich es für das Angloamerikanische genannt habe, unvereinbar wäre. Etwa der fortdauernde Einfluß des Stifters. Es gibt kein Hindernis, daß sich der Stifter selbst in die Stiftungsorgane wählen läßt. Aber das Vermögen ist aus seinem Verfügungsbereich endgültig ausgeschieden. Infolgedessen sind Verfügungen zugunsten des Stifters oder seiner Familie dann auch nicht mehr möglich.

Sie sagten, die Stiftungen dürften keine Almosen geben, sie dürften nicht mildtätig sein. Das stimmt natürlich nur, wenn es sich nicht um mildtätige Stiftungen handelt. Sie können sehr wohl eine mildtätige Stiftung zu diesem Zweck gründen, und die würde sogar gemeinnützig sein. Aber die einzige Kontrolle, welche die Stiftung von Rechts wegen hat – und das ist ungeheuer wichtig, weil sie keine Mitglieder hat, so daß praktisch nur die Organe darüber entscheiden –, ist eine Verfügung in Übereinstimmung mit dem Stiftungszweck.

Von daher ergeben sich dann natürlich ganz erhebliche Einschränkungen, auch bei der Frage der Unternehmensstiftungen, die bei uns ja doch überwiegend in einem sehr engen Zusammenhang mit dem stiftenden Unternehmen oder den Eigentümern des Unternehmens stehen. Wenn man es ernst nimmt, daß die Stiftungen nur einem allgemeinen Zweck, nicht aber einem individuellen unternehmerischen Zweck dienen dürfen, dann würde eine ganze Reihe von Stiftungen, etwa die Krupp-Stiftung, eindeutig unzulässig sein.

Helmut Schmidt:

Das Stiftungswesen und auch die Charitable Trusts in Amerika sind natürlich viel breiter entwickelt als bei uns. Aber das hat auch einen spezifischen Grund: In Deutschland gab es Fürsten, Fürstbischöfe, reiche Klöster und so weiter, die sich bis in die moderne Zeit hinein um vielerlei charities gekümmert haben. Die gab es in Amerika niemals.

In Deutschland sind diese Aufgaben weitgehend auf den Staat, auf die Länder oder die Kommunen übergegangen. Dort, wo das nicht geschehen ist, zum Beispiel in der Stadt Frankfurt oder in der Stadt Hamburg, hat sich eine große Zahl privater gemeinnütziger Stiftungen gebildet. Hamburg allein hat viele Hunderte. In Preußen, in Bayern – sehr viel kleiner – hat der Staat das übernommen.

Wir haben heute in Deutschland ein paar große Stiftungen. Sie tragen alle den Namen »Stiftung«, aber sie sind in Wirklichkeit völlig verschiedenartige Gebilde. Herr Mestmäcker hat eben schon zwei verschiedene genannt, nämlich diejenigen, die eng mit einer Firma verknüpft sind – etwa die Krupp-Stiftung oder die VW-Stiftung –, und die wirklich gemeinnützigen, in denen kein Stifter oder die Nachfolger im Vorstand der Firma Einfluß nehmen – auch die Bertelsmann-Stiftung gehört mehr in diese Richtung. Drittens haben wir die sogenannten großen politischen Stiftungen, die ihren Namen zu Unrecht tragen: die Adenauer-Stiftung, die Ebert-Stiftung, die Naumann-Stiftung. Das ist ein Betrug am Steuerzahler. Zwar hat es dort den Willen von Stiftern gegeben; aber sie selber haben keinen Pfennig geopfert, sondern sie lassen diese fabelhaften Stiftungen am laufenden Band finanziell durch den Steuerzahler alimentieren, vertreten durch den Bundestag. Das sind zwar ganz nützliche Einrichtungen, aber den Namen »Stiftung« würde ich ihnen aberkennen.

Um eine private Stiftung ins Leben zu rufen, ist eine relativ hohe private Vermögensbildung eine technische Voraussetzung. Wenn ich kein Vermögen habe, kann ich nichts stiften.

In Deutschland gibt es zur Zeit nur eine relativ geringfügige Neigung, gemeinnützige Stiftungen neu zu begründen oder bestehende Stiftungen durch Beiträge zum Stiftungskapital oder durch Spenden zu finanzieren. Eine solche Neigung besteht schon gar nicht bei der großen Mehrzahl der finanzkräftigen Unternehmen, die mit wenigen Ausnahmen in der

Form von Kapitalgesellschaften geführt werden. Da berufen sich die Vorstände auf die Aufsichtsräte, und die Aufsichtsräte berufen sich auf die Aktionäre. Das sind zum Teil ernstgemeinte Motive, zum größten Teil aber vorgeschobene Argumente. Diese Unternehmen sind nicht in dem Maße am Gemeinwohl interessiert, wie man sich das wünschen möchte. Es gibt ein paar Ausnahmen, die die Regel bestätigen. So hat zum Beispiel die Deutsche Bank aus Anlaß eines großen Jubiläums eine Hundert-Millionen-Mark-Stiftung gegründet.

Weil das alles so ist, würde ich prinzipiell Antje Vollmers Initiative unterstützen. Ich meine erstens, wir brauchen eine stiftungsfreundliche Innovation des Erbschaftsteuerrechts. Da hat Antje Vollmer recht. Wir brauchen zweitens eine Innovation des Stiftungssteuerrechts, zum Beispiel – pro futuro jedenfalls – eine sehr viel genauere Eingrenzung der Gemeinnützigkeit. Auch ich möchte die VW-Stiftung oder die Krupp-Stiftung oder die Bertelsmann-Stiftung nicht inkommodieren; aber ich würde jedenfalls die Gemeinnützigkeit in der Gesetzgebung sehr viel enger definieren.

Dazu gehört dann übrigens auch, daß die Stiftungen heutzutage in manchen Bundesländern inkommodiert werden, weil sie von zwei Behörden geprüft werden. Da kommt das Finanzamt mit der Regelmäßigkeit von Jahresabläufen, und dann kommt die Stiftungsaufsicht. Beide wollen etwas anderes, und beide sind zum Teil von sehr pflichtbewußten und auch von eitlen und ehrgeizigen Beamten bevölkert, und die machen den Stiftungen das Leben schwerer als notwendig. Ich würde die Gemeinnützigkeit enger fassen, die Finanzämter zuständig machen und die Stiftungsaufsichtsbehörden eliminieren.

Drittens braucht man aber auch, wenn man das de lege ferenda als Aufgabe vor Augen hat, eine große Initiative, einen Aufruf zur Gemeinnützigkeit. Bei der Gelegenheit bitte ich nicht zu unterschätzen, daß die Eitelkeit vieler zukünftiger Stifter befriedigt werden muß. Ohne daß sie ein Abzeichen kriegen oder ohne daß sie an der Mauer des Rathauses eingemeißelt werden oder ohne daß ihr Name in der Stiftung verewigt wird, also ohne eine Befriedigung menschlicher Eitelkeiten – und der Eitelkeiten der Ehefrauen – werden Sie keinen großen Erfolg haben.

Edzard Reuter:

Antje Vollmer hat von den zur Vererbung anstehenden Vermögen gesprochen. In der Tat gibt es in Deutschland mit dem Stifterverband der deutschen Wissenschaft eine Organisation, die bereits einen erheblichen Bestand an Stiftungen verwaltet, und zwar im wesentlichen kleine Stiftungen. Und inzwischen gibt es dafür auch einen »Markt«; private Unternehmen fangen an, stifterwillige Menschen zu beraten, sie verdienen damit Provisionen. Die großen Banken haben entsprechende Abteilungen eingerichtet.

Ich glaube also, die Landschaft ist in einem größerem Umfang vorhanden, als Sie meinen. Es muß nur in die Welt gebracht werden, daß es ein bürgerliches Anliegen, eigentlich das gut verstandene Anliegen eines Citoyens ist, sich mit diesem Thema zu befassen. Ich glaube, daß die Dinge reif sind dafür, wenn es richtig gemacht wird. Aber man sollte sich die juristischen und steuerlichen Aspekte sehr genau überlegen.

Dieter Grimm:

Hätten wir in Deutschland eine Stiftermentalität, besäßen wir schon lange ein geeignetes Stiftungsrecht. Ich will damit nicht sagen, daß das geltende Recht nicht änderungsbedürftig wäre, sondern nur, daß mit einer Rechtsänderung noch nicht die Stiftungen sprudelten.

Die entscheidende Frage ist also die Mentalitätsfrage, und die Mentalität scheint etwas zu tun zu haben mit dem Staatsverständnis. Nicht ohne Grund ist die Stiftungstradition, von der Sie sprechen, eine städtische Tradition, aber keine residenzstädtische, sondern eine handelsstädtische. Im übrigen aber sind wir es gewohnt, kulturelle, erzieherische, soziale Vorsorge vom Staat zu erwarten.

Dadurch wird die Sache aber nicht einfacher, weil es nur zwei Wege gibt, den Durchbruch zu erzielen: Man muß entweder versuchen, die Stiftungsmentalität vom Staatsverständnis zu entkoppeln, oder man muß das Staatsverständnis ändern. Beides ist sehr langwierig. Deswegen sehe ich keine Möglichkeit für eine schnelle durchgreifende Änderung.

Es gibt freilich eine Überlegung, von der ich nicht weiß, wie tragfähig sie ist. Wir finden in Deutschland eine außerordentlich große Bereitschaft zum Spenden vor. Vielleicht muß man als flankierende Maßnahme auch auf eine Aktivierung des Spendenwesens setzen, das im Augenblick überwiegend zur Linderung akuter Not dient. Aber diese Ressourcen sind noch längst nicht ausgeschöpft. Sie könnten auch für solche Zwecke aktiviert werden, die Sie hier im Sinne haben.

Marion Dönhoff:

Ich weiß nicht, ob das zutrifft, was Antje Vollmer sagte, daß es in Deutschland keine Stifterfreudigkeit gibt. Ich denke, daß die Unkenntnis sehr groß ist. Ich glaube auch, daß jetzt die Zeit gekommen ist, in der man diese Idee sehr popularisieren könnte. Es gibt sehr viele Leute, die der handelnden Politik mißtrauen und sagen, die Parlamentarier dächten nur an ihren Machterhalt und nicht an die Probleme, die zu lösen sind.

Wenn man für Leute, die eine Stiftung für soziale, künstlerische oder für Zwecke der Kinder-erziehung oder dergleichen gründen wollen, Erleichterungen schaffen könnte, dann könnte man nach meiner Ansicht sehr gute Resultate erzielen. Da das auch ein bißchen an den Rückgang der noch immer herrschenden Vorstellung gekoppelt ist, das alles mache das Parlament, müßte man gerade jetzt die Leute, die etwas tun wollen, dazu herausfordern, sich ihrerseits aufzumachen.

Wolf Lepenies:

Das, was Antje Vollmer hier vorgeschlagen hat, ist dringend, sympathisch und absolut unterstützenswert. Deshalb muß man alles zu tun versuchen, um eine solche Initiative öffentlichkeitswirksam zu betreiben.

Es ist der »schwache« Staat – nicht der schlecht funktionierende Staat, sondern der Staat, in dem die Institutionen gegenüber dem einzelnen eher schwach sind –, in dem das Stiftungswesen besonders gut gedeiht. Die USA und England sind Beispiele für solche »schwache« Staaten mit starken Stiftungsgesellschaften. Demgegenüber funktioniert das, was ich einmal das »Kompensationsmodell« genannt habe, weitaus weniger: Mit dem Argument, im öffentlichen Bereich funktioniere dies und jenes schlecht, und deshalb sollten Privatiers gefälligst einspringen, ist in der Regel kaum Geld zu holen. Viel wirksamer ist das Argument: Der Staat macht seine Hausaufgaben, nun wollen auch wir unseren Beitrag leisten. All dies ist aber kein Argument gegen die Initiative von Antje Vollmer – im Gegenteil.

Richard v. Weizsäcker:

Ich halte das Thema von Antje Vollmer nicht nur für dringlich, sondern ich meine auch, daß es ein Beleg für eine gewisse Verzweiflung in unserer Situation ist.

Letzten Endes ist ein großer Durchbruch in der Bedeutung eines Stiftungswesens für eine Gesellschaft im ganzen meiner Meinung nach nicht zu erreichen, ganz gleich, auf wen oder was heute in Deutschland Stiftungen ausgerichtet sind, ob auf Tansania oder auf das Hebbel-Theater oder auf was sonst, sondern letztlich nur im Hinblick auf die Sozialstruktur der eigenen Gesellschaft.

Es ist eben nun einmal so, daß der Staat in Amerika im Grunde gar nicht existierte zu einer Zeit, als die Gesellschaft schon bestand, wenn auch zunächst nur aus kleinen Trupps, die nach Westen zogen. Das Gemeinwesen in Amerika ist von unten aufgebaut worden, und infolgedessen sind die Notwendigkeiten, die sich im Zusammenleben stellen, auch von unten wahrgenommen und finanziert worden.

Es ist ja nicht so, daß es in Amerika gar kein Sozialwesen gibt. Aber das, was in Amerika im Sozialwesen durch die Politik gemacht wird, bezieht sich eigentlich mehr auf gesetzgeberische Vorgaben, zum Beispiel daß für die Behinderten behindertengemäße Zugänge gemacht werden. All das haben die Amerikaner ja viel früher erfunden als wir.

Bei uns dagegen ist das eigentliche Sozialwesen bekanntlich von oben nach unten entstanden, nämlich in einer Feudalzeit durch sehr sozial empfindende Feudalherren und in einem allmählichen Übergang bis zur Bismarck'schen Sozialpolitik.

Helmut Schmidt:

Mit der großen Ausnahme von Aktivitäten im kirchlichen Raum, wie Bethel, Rauhes Haus und dergleichen.

Richard v. Weizsäcker:

Ich frage nach der Möglichkeit, bei der man das Stiftungswesen wirklich ins Zentrum der Lebensfähigkeit der Gesellschaft überführen kann. Das können wir mit Tansania und dem Hebbel-Theater nicht.

Was wir machen und sicher machen müssen, ist alles das, was hier schon zusammengetragen worden ist. Aber trotzdem ist es in erster Linie eine auf den Staat oder auf das Gemeinwesen bezogene Mentalitätsfrage. Und haben wir wirklich eine ernsthafte Aussicht, mit einer Initiative in Richtung auf das Stiftungswesen einen Angriff auf diese Mentalitätsfrage in bezug auf das Gemeinwesen zu machen?

Volker Hassemer:

Solange wir davon ausgehen, für die öffentlichen Belange sei der Staat verantwortlich, weil der Bürger als Steuerzahler seinen Beitrag dazu geleistet habe, wird es Bewegung in die Richtung, die wir hier alle für richtig halten, nicht geben.

Antje Vollmer hat angedeutet, daß hier nicht nur ein Problem des Verständnisses des Staates und der Politik, sondern auch ein generelles Mißtrauen der Bürger gegeben ist, wenn sich Private für die öffentlichen Belange verantwortlich fühlen. Dann wird gesagt, daß sie etwas Besseres sein wollen, daß sie nur ihre Eitelkeit befriedigen wollen. Im schlimmsten Fall könnte der Vorwurf erhoben werden, daß sie sich nun auch noch die öffentlichen Belange zu eigen machen wollen. In dieser Situation sind für mich die äußeren Bedingungen gegeben, daß der Staat zunehmend wehrlos wird in der Behauptung, er müsse etwas tun, denn er hat weder genügend Geld, um es zu tun, noch beweist er genügend Kompetenz. Das ist eigentlich eine günstige Situation für unsere Erörterung.

Der Widerstand besteht nach meiner Überzeugung immer noch bei den Bürgern, bei der öffentlichen Meinung. Es ist auch ganz schwierig, ihn zu überwinden, weil die Stimmung dort viel diffuser ist.

Deswegen denke ich: Bevor man erfolgreich eine Stifterkampagne macht, müßte es eine Kampagne im Hinblick auf diese Art der Verantwortung für öffentliche Belange geben. Eine Stiftungskultur oder auch eine Änderung der Verantwortungskultur wird es meiner Meinung nach nicht geben.

Man muß dann nämlich auch einräumen, daß diese Stifter nicht nur als Befriedigung, sondern auch als Antwort auf ihre Leistung nicht nur ihre eigene Eitelkeit, sondern auch eine Mitverantwortung einbringen können. Den Glauben, sobald die Verantwortung staatlich verwaltet wird, sei das in Ordnung, verlieren wir ja Gott sei Dank; ich jedenfalls verliere ihn sehr. Die Art der Ungerechtigkeit, die in der privaten, nicht systematisch geplanten Initiative liegt, würde ich viel lieber in Kauf nehmen als die erkannte mangelnde Professionalität dieses allgemeingültigen Wirkens von Staat und Politik.

Es geht alles in allem also um die Frage, wer für das Öffentliche Verantwortung tragen sollte und darf.

Das kann in Zukunft auf gar keinen Fall ausschließlich der Staat sein.

Wolf Lepenies:

Besonders spannend am Vorschlag von Antje Vollmer finde ich den damit verbundenen Vorschlag zur Neuorganisierung des Zeitbudgets: Neben der Arbeitszeit und der Freizeit wird es eine Zeit der Verpflichtungen geben, die soziale Zeit. Die Stifterinitiative ist an sich eine gute Sache. Wichtig wäre aber, darauf hinzuwirken, nicht nur reiche Privatiers und Mäzene damit anzusprechen, sonder eigentlich jeden einzelnen. Jeder Staatsbürger muß auch Stifter sein. Und wenn er nichts anderes Stiften kann, kann er immer noch etwas Kostbares stiften: Zeit.

Wolfgang Thierse:

Worin besteht die eigentliche Leistung des Sozialstaates? Nach meiner Überzeugung besteht sie darin, daß der Sozialstaat den Bedürftigen, den Schwächeren von einem Objekt der möglichen Hilfsbereitschaft einzelner oder Gruppen, zum Beispiel von Stiftern, in ein Subjekt von Rechtsansprüchen verwandelt und dem Hilfsbedürftigen, dem Schwachen damit insofern – soweit der Staat das überhaupt tun kann – auch etwas Würde gibt.

Aber die Frage ist schon, ob ich eine Entwicklung zulasse und vielleicht auch noch begünstige, die den Sozialstaat auch finanziell immer mehr einschränkt, so daß dann gezwungenermaßen die individuelle

Karitas oder die institutionelle Karitas von hilfsbereiten Gruppen, von Stiftern an dessen Stelle treten muß. Dies scheint mir das eigentliche Thema zu sein, über das man nicht mit schönen Worten wie »Verantwortungskultur« hinweggehen kann.

Das Beispiel USA ist durchaus attraktiv, in dieser Hinsicht aber durchaus auch sehr widersprüchlich.

Richard v. Weizsäcker:

In der Entstehung attraktiv und in der derzeitigen Folge problematisch.

Wolfgang Thierse:

Es ist hochproblematisch, wenn man sieht: vierzig Prozent der US-Amerikaner sind nicht wirklich sozialversichert. Sie sind abhängig von Gnadenakten, die zum Glück – wenigstens zum Teil – gewährt werden. Ich halte das nicht für einen erstrebenswerten Zustand.

Es wird sehr darauf ankommen, in welches Verhältnis man die Zukunft des Sozialstaates und seine Finanzierbarkeit zu dem stellt, was ich für richtig halte, eine Verbesserung des Stiftungsrechts, und ob es da vernünftige Arbeitsteilungen gibt, ob also die Stiftungsidee sozusagen angewandt wird auf den weiten Bereich des Sozialen oder ob die Stiftungsidee auch künftig ihr Schwergewicht im Bereich der Kultur, der Wissenschaften hat. Mir scheint zunächst das zweite das günstigere zu sein.

Friedrich Dieckmann:

Die Kluft zwischen privatem Reichtum und öffentlicher Armut ist so kraß geworden, daß jeder Versuch lohnt, sie zu überbrücken. Aber man muß wissen, daß es ein Kurieren an den Symptomen einer tieferliegenden Diskrepanz ist. Zuletzt geht es dabei um gesellschaftliche Machtfragen, wenn man so will; sie werden uns, wenn die Kluft zunehmen sollte, noch mehr beschäftigen.

Bei dem Wachstum der Privatvermögen handelt es sich zuletzt um die Profite einer Automatisierung, deren soziale Lasten dem Staat aufgebürdet werden. Wenn dessen Ohnmacht, die Vermögenszuwächse über Steuern abzuschöpfen, sich als unbehebbar erweist und wenn das sanfte Zureden vermittels eines stiftungsfreundlichen neuen Rechts auch nichts fruchtet – wohin kommt man dann? Nach allem hier Vorgetragenen kann ein neues Stiftungsrecht nur sehr langsam und partiell wirksam werden.

Edzard Reuter:

Wir sollten sehr vorsichtig sein, das Stichwort von der öffentlichen Armut und dem privaten Reichtum allzu leicht zu übernehmen. Zunächst einmal stehen hinter diesen Beträgen Hunderttausende von Einzelpersonen. Außerdem hat der Staat die Mittel, die da angesammelt worden sind, vor Jahren ja schon einmal besteuert; die sind gespart worden. Deshalb bitte Vorsicht mit solchen Pauschalargumenten, die dann leicht zu der Situation führen, daß man sagt:

»Da sind Leute, die wollen diesen ganzen Vermögenden ihr Geld wegnehmen.« Wenn es nicht darum geht, dieses Geld, aus welchen Gründen auch immer, aus materiellen oder auch aus moralischen Gründen, für öffentlich-rechtliche und gemeinnützige Zwecke zu geben, dann macht man dieses ganze Vorhaben nach meiner Überzeugung kaputt.

Im übrigen haben Ernst Joachim Mestmäcker und Helmut Schmidt nicht erwähnt, daß die Entwicklung in Amerika natürlich nicht nur auf rechtliche oder steuerliche Gründe, sondern sehr stark auf religiöse Gründe zurückgeht. Die Trennung zwischen der Rolle des Staates auf der einen und des Individuums auf der anderen Seite hat natürlich eine Menge mit protestantisch-calvinistischer Mentalität zu tun, und die gibt es bei uns zur Zeit prädominant nicht.

Helmut Schmidt:

Eine kurze Bemerkung zum Thema »Mischform«. Mein verstorbener Freund Kurt Körber hat häufig für bestimmte Vorhaben Geld gestiftet, damit der Staat etwas dazutut. Ich habe das immer für falsch gehalten.

Ich bin ähnlich wie Herr Lepenies der Meinung, man soll einen Aufruf zur stifterischen Gemeinnützigkeit nicht begründen mit den unzureichenden staatlichen Aktivitäten oder mit dem begrenzten fiskalischen Spielraum. Das soll man sauber voneinander trennen.

Zum Thema »Mentalität«: Heute erregen sogenannte Bürgerinitiativen gegen irgend etwas jede

Woche jedwede Aufmerksamkeit. Es gibt auch ein paar positive Initiativen für etwas, die unter eigenen Opfern entweder an Zeit und Energie und/oder Geld arbeiten. Aber grundsätzlich hat unsere Gesellschaft das von den Nazis propagierte Schlagwort – das sie selber überhaupt nicht beherzigt haben –, nach dem Gemeinnutz vor Eigennutz geht, tatsächlich ins krasse Gegenteil verkehrt. Bei uns geht Eigennutz vor Gemeinnutz!

Die ersten neunzehn Artikel im Grundgesetz sind entstanden als Reaktion auf die Nazizeit. Sie bestehen nur aus Rechten des einzelnen gegenüber dem Staat, von anderthalb kleinen Ausnahmen abgesehen. Die eine Ausnahme ist nachträglich eingeführt worden; das ist die Wehrpflicht. Und die halbe Ausnahme ist der Satz, wonach Eigentum verpflichtet. Niemand weiß, wozu das Eigentum denn eigentlich verpflichtet. Darauf kommt man auch später im Leben nicht mehr zurück, wenn man die Staatslehre unterrichtende Unterprima absolviert hat.

Die Verpflichtung des Eigentums, die soziale, gesellschaftliche Verpflichtung, kommt im öffentlichen Leben kaum vor. An sie wird nicht appelliert, über sie wird auch nicht unterrichtet. In den Schulen wird erzogen zur selbständigen Wahrung der individuellen Rechte, der Ansprüche, insbesondere der Ansprüche gegen den Staat. Es wird nicht erzogen zur Verantwortung gegenüber der Gemeinschaft oder der Gesellschaft.

Die Zehn Gebote hatten nur Pflichten zum Inhalt, nicht etwa Rechte. Wir haben uns in unserer gesellschaftlichen Praxis vom Dekalog ganz weit entfernt.

Die Menschenrechtserklärung, 1948 durch die fünfzig damaligen Mitgliedstaaten der Vereinten Nationen in Kraft gesetzt, war eine Reaktion auf die Diktatur Hitlers und seine Verbrechen, auf die Diktatur der japanischen Militärs und auch auf Stalin. Heutzutage gibt es Leute, die darauf herumreiten, die die Menschenrechtserklärung als ein Schlaginstrument gegenüber konfuzianisch geprägten Gesellschaftsformen, vornehmlich China, benutzen; aber gleichzeitig werden die konfuzianischen Pflichten gegenüber der Familie, gegenüber der Gruppe oder in Japan und in Korea gegenüber der Firma, gegenüber der Gesellschaft, gegenüber dem Staat lächerlich gemacht.

Im Grunde fehlt in unserem Erziehungswesen eine Hälfte der ethischen Beeinflussung junger Menschen. Sie müssen nicht nur lernen, ihre Rechte und ihre Freiheiten wahrzunehmen, sondern sie müssen auch lernen, daß sie Verantwortung tragen gegenüber dem Nachbarn, gegenüber dem Gegenüber, sogar gegenüber dem Gegner, jedenfalls gegenüber der Gesellschaft als Ganzes. Das fehlt in unserer Gesellschaft fast völlig.

Volker Hassemer:

Unser Thema, Wolfgang Thierse, ist nicht, ob wir meinen, daß der Staat die grundlegenden sozialen und kulturellen Leistungspflichten nicht mehr haben soll, sondern unser Thema ist, ganz zurückhaltend, ob es ein freudiges, ein wünschenswertes Ereignis ist, wenn auch privates Engagement diesen Zwecken dient.

Antje Vollmer:

Es ist doch im Gegenteil so, daß man den Sozialstaat und auch die Lasten, die er der Gesellschaft aufbürdet, auf Dauer nur verteidigen kann, wenn man damit auch selber konkrete Erfahrungen hat. Ich glaube, daß eine Gesellschaft, die in dieser Beziehung – sei es nun über diese soziale Zeit oder über soziales Engagement des Eigentums – praktische Erfahrungen hat, die beste Verteidigung des Sozialstaates ist.

Im übrigen ist es schon etwas anderes, ob man aus den Trümmern kommt oder ob man – wie jetzt – eine solche Situation mit diesem privaten Eigentum hat. Das ist ja letztlich das Ergebnis von etwas Positivem, nämlich von einer langen Friedenszeit und einer demographischen Entwicklung. Ich bin der Meinung, daß man mit Neidkampagnen gar nichts zuwege bringt. Es nützt auch nichts, wenn man sagt: »Bei denen soll man das jetzt mit Steuern abschöpfen.« Mit dieser Methode erreicht man überhaupt nichts.

Es ist eine Frage an die Intelligenz des Staates, ob er sich etwas einfallen läßt, an dieses Geld heranzukommen, oder eine Frage des positiven Appells. Ich denke sogar, daß man das auch nicht mit dem alten moralischen Appell hinkriegen würde, sondern nur über das, was auch gewachsen ist, nämlich Gestaltungswille, Kreativität, Wunsch, sich auch etwas Neues einfallen zu lassen, zu entdecken, daß dieses oder jenes Problem nicht behandelt wird, daß man es aber selber tun könnte. Daß für einen solch positiven Appell ein Potential vorhanden ist, davon bin ich allerdings ganz und gar überzeugt.

Man braucht sich doch nur einmal solche spontanen Aktionen anzuschauen wie die von José Carreras. Er tritt einmal im Fernsehen auf, und an diesem einen Abend kommen aus der Gesellschaft zwölf Millionen Mark zusammen. Das ist für ein solch einmaliges Medienereignis doch enorm! Wieso könnten wir nicht so etwas mobilisieren?

Zu diesem Zweck müssen aber zunächst einmal die negativen Folgen beseitigt werden, die auftreten können, wenn sich jemand als Stifter outet. Zunächst ist man so etwas wie eine Schießbudenfigur. Jeder sagt: »Wieso der? Woher hat der das Geld?« Man muß also durch eine Welle von bösen öffentlichen Angriffen hindurch, wenn man sich als Stifter zu erkennen gibt. Ganz abgesehen davon, daß es noch Schlimmeres gibt, wenn man nur einmal an Jan-Philipp Reemtsma denkt, der plötzlich als reicher Mensch deutlich sichtbar wurde und deshalb das Opfer einer Entführung geworden ist. So etwas signalisiert, daß es auch eine gewisse Ängstlichkeit gibt, genau wegen dieser öffentlich geführten Debatte, etwas in dieser Richtung zu tun. Das aufzuheben ist eine Frage des öffentlichen Diskurses oder der Intelligenz des Staates, positive Angebote zu machen.

Mir ist zum Beispiel nie klargeworden, warum eine Gesellschaft wie die Bundesrepublik eine Universität wie Witten-Herdecke nicht ausreichend unterstützen kann, so daß diese Universität Jahr für Jahr in einer enormen Schwierigkeit steckt, ihren Finanzbedarf zu decken. Wenn sie Geld bekommt, dann immer nur einmalig, so daß sie für ihren Fortbestand sehr viel Energie aufbringen muß, obwohl sie doch mit ihrer gemeinnützigen Qualität längst ihre Existenzberechtigung bewiesen hat. Das ist für mich ein Hinweis darauf, daß so etwas noch unterentwickelt ist und man insoweit mehr tun könnte.

Noch ein Hinweis zu dem, was ich mit der neuen Generationenhandschrift meine. Ich hatte neulich hier in Berlin eine Diskussion mit einer Gruppe von Homosexuellen, die mich gefragt hat, warum die Lösung ihrer Probleme denn noch immer nicht in die Gänge gekommen sei. Da habe ich denen geantwortet: »Ausgerechnet ihr!« Es ist ja bekannt, daß das Einkommensniveau der Schwulenszene erheblich höher ist als bei anderen, und dafür gibt es gute Gründe. Doch warum nutzen die dieses Potential nicht, um ihre eigene gesellschaftliche Stellung auch durch die Sichtbarkeit von Dingen, die ihnen wichtig sind, durch diese Art von kultureller »Duftmarke« auszudrücken? Auch bei denen ist immer dieser Druck auf die Regierungen, auf die rot-grünen Koalitionen zu spüren, dieses oder jenes in ihrem Sinne herbeizuführen; aber von denen selbst geht in dieser Richtung nichts aus.

Ich habe bewußt diese Gruppe als Beispiel genommen, weil bei ihr deutlich wird, daß sie partout nicht will, daß ihr Einkommen an die weitesten Familienangehörigen geht, mit denen sie häufig Schwierigkeiten gehabt haben.

Wenn man sich also nur einmal diese Gruppe als Beispiel nimmt, dann weiß man, daß es ein enormes

Potential auch mit einer eigenen Handschrift gibt. Dieses muß man, kann man und darf man doch wohl auch mit diesem kleinen Wunsch nach Unsterblichkeit verbinden, vor allem dann, wenn man etwas Kreatives schafft. Deswegen wäre ich auch äußerst großzügig mit der Verwendung von Namen, Plaketten und dergleichen mehr. Warum eigentlich nicht? Wenn die Sache vor Ort dadurch sichtbar wird, dann muß man sich nämlich zu Recht einer ganz anderen Debatte aussetzen, als wenn man sein Geld auf irgendwelche Shareholder-value-Projekte setzt.

Gerne nehme ich auf, was Herr Lepenies gesagt hat, nämlich daß man diese Idee leichter anbieten kann, wenn man dieses Thema in der ganzen Breite angeht nach dem Motto: »Bürger stiften etwas, Zeit für neue Formen von ehrenamtlicher oder freiwilliger Tätigkeit, kleine Vermögen in Form von medging funds und große Vermögen in Form von Stiftungen.« Das ist eigentlich bei allen derselbe Impuls, nämlich zu sagen: »Das Gemeinwesen geht uns etwas an. Wir wollen deshalb auch unsere Handschrift hinterlassen.« Das ist auch richtig, und das ist nicht nur ein Appell an eine bestimmte Gruppe, die vom Schicksal besonders begünstigt ist, jetzt wieder etwas zurückzugeben, sondern jeder sollte etwas von dem abgeben, was er hat und was er abgeben kann. Wenn wir so vorgehen, vermeidet man auch diesen Neidkomplex; dann vermischt sich das alles auch besser.

Wolf Lepenies:

Ich möchte davor warnen anzunehmen, daß niemand wisse, was er mit seinem Geld anfangen solle, weshalb man ihn nur auf die Idee bringen müsse, und dann würden die Gelder in die gewünschte Richtung fließen. Das sehe ich so nicht. Ich sehe aber, daß auch im Sinne einer gewissen abschöpfenden Befriedigung dieses Bedürfnisses bereits eine Menge getan wird.

Antje Vollmer:

Das hat vielleicht etwas damit zu tun, daß man sich immer an dieselben Leute wendet. Bundestagsabgeordnete, Chefredakteure und reiche Firmen schreibt jeder an. Aber es gibt darüber hinaus noch eine breite Schicht von Menschen, die viel Geld haben. Diese »unbekannten Reichen« möchte ich entdecken.

Bundestagsdebatte zum Stiftungsrecht vom 12. Februar 1998

Am 12. *Februar* 1998 *legte Antje Vollmer dem Bundestag einen Gesetzentwurf zum Stiftungswesen vor.*

Dr. *Antje Vollmer*:
Ich möchte Ihnen unseren Gesetzentwurf zum Stiftungswesen vorstellen. Damit wollen wir Ihnen, Herr Bundeskanzler, und der Regierungskoalition helfen, ein Versprechen der Koalitionsvereinbarung zu erfüllen. Am 11. November 1994 nämlich haben Sie, verehrte Kollegen, folgendes beschlossen: In bezug auf die Förderung von Kunst und Kultur soll ein »besonderer Schwerpunkt der Politik in den nächsten Jahren ... darauf gerichtet sein, die Rahmenbedingungen für die Aktivierung privater Bereitschaft zu verbessern. In diesem Sinne soll das Stiftungsrecht weiterentwickelt werden«.

Es ist doch gerade in einer Zeit, in der wir über Globalisierung diskutieren, wichtig, etwas gegen die Globalisierung privater Vermögen zu tun. In einer Zeit, in der privat 300 Milliarden DM im Jahr vererbt werden, muß auch die Politik darum kämpfen, daß diese Gelder nicht in Aktienspekulationen oder nur in Ostimmobilien gehen, sondern daß man sich hier vor Ort engagiert zum Besten unserer Gesellschaft.

Wir wollen Anreiz schaffen, neue Stifter zu gewinnen. Unser Enwurf beinhaltet im wesentlichen zwei Teile: eine Reform des §80 ff BGB und einen steuerlichen Teil. Im BGB geht es um drei Grundsätze:

Erstens. Das bestehende Genehmigungsverfahren, das Konzessionssystem, wird durch ein Stiftungsregister ersetzt. Bei Einhaltung formeller Kriterien besteht also so etwas wie ein »Recht auf Stiftung«, ein Recht auf die Eintragung ins Register.

Der Staat soll nicht mehr für sich in Anspruch nehmen, die Zulässigkeit, die Form und die Ausstattung einer Stiftung zu prüfen und einer Genehmigungspflicht zu unterlegen. Wir sind der Meinung, daß er es nicht mehr nötig hat, zu prüfen, welche Zwecke die Bürger, die dafür sehr viel Geld investieren, für gut und richtig zu halten. Wichtig ist allerdings, daß er die Frage der Gemeinnützigkeit überprüft. Das aber wird weiterhin vom Finanzamt gemacht.

Zweitens. Unser Entwurf sieht keine Siftung vor, deren Zweck hauptsächlich auf einen wirtschaftlichen Geschäftsbetrieb ausgerichtet ist. Das ist auch nicht der eigentliche Sinn von Stiftungen. Der Begriff »Stiftung« muß ein Markenzeichen sein für eben dieses gemeinnützige, bürgerschaftliche Engagement.

Der zweite Teil unserer Vorschläge betrifft daher die steuerlichen Voraussetzungen. Da wollen wir folgendes neu: Zuwendungen an gemeinnützige Stiftungen bis zu einer Höhe von 50.000 DM – das ist keine unermeßliche Summe – werden abzugsfähig; das gilt auch für die Einbringung von Betriebsvermögen. Wenn zum Beispiel ein Maler seine Bilder einer Stiftung zuführen will, soll das nicht mehr als verdeckte Gewinnentnahme versteuert werden müssen.

Für die bestehenden Stiftungen erhöhen wir den Anteil des Ertrags auf Kapital, der als vermögenssichernde Rücklage genutzt werden kann, auf ein Drittel. Das ist neu und entspricht der Forderung des Bundesverbandes Deutscher Stiftungen und des Kulturkreises des BDI.

Wir haben uns übrigens auch überlegt, besondere Regelungen für Sammel-, Gemeinschafts- und Gemeindestiftungen zu verfassen, gerade deswegen, weil wir nicht nur an die Erben großer Vermögen heranwollen, sondern auch Menschen mit kleinem Vermögen ermutigen wollen, sich – vielleicht mit Unterstützung der Kommune – für einen solchen Stiftungszweck zu engagieren.

Liebe Kolleginnen und Kollegen, ich hoffe sehr, daß Sie alle mit uns ein Interesse daran haben, die Reform des Stiftungsrechts schnell, wenn möglich noch in dieser Legislaturperiode, auf den Weg zu bringen. Deswegen wollen wir auf jeden Fall in den Ausschüssen sehr bald eine Anhörung durchführen. Das ist der beste Weg, um die noch offenen Fragen und die alternativen Vorstellungen zu klären. Sie wissen noch besser als ich, daß die Stiftungskreise und die Wirtschaft darauf schon sehr ungeduldig warten, weil sie eine gesetzgeberische Initiative wollen. Arbeiten Sie doch mit uns zusammen, so daß wir schnell zu einem Ergebnis kommen! Darum bitte ich auch besonders Sie, Herr Bundeskanzler, weil ich weiß, daß Sie in dieser Sache eigentlich etwas machen wollten.

Ein ganz kleines konkretes Beispiel liegt mir noch sehr am Herzen, das möchte ich Ihnen am Ende noch zum Vorschlag bringen. Es geht darum, wie der Bundesgesetzgeber auch in kleinen Schritten etwas tun kann, um die Situation von Künstlern schnell zu verbessern. Schon lange kämpfen die Künstler – Herr Kollege Thierse hat es gesagt – um eine Ausstellungsvergütung, ähnlich der Vergütung, wie sie etwa Musikern durch die GEMA zukommt, darüber hat es lange Diskussionen mit den Galeristen gegeben. Das wäre zwar eine kleine Verbesserung, die aber gerade den bildenden Künstlern ungeheuer viel bedeuten würde. Ich bitte Sie, daß wir auch diese kleine Verbesserung gemeinsam schnell durchführen.

Dr. *Helmut Kohl*:
Herr Präsident! Meine Damen und Herren. Ich weiß, daß die Zeit für diese Debatte etwas knapp ist. Ich habe mich dennoch zu Wort gemeldet, weil ich noch einen gewissen Vorrat aus der »Raucherdebatte« habe. Dort habe ich nicht gesprochen, denn ich denke, es ist wichtiger heute hier zu sprechen.

Es geht hier nicht um einen Streit zwischen Bund und Ländern. Es geht auch nicht darum, daß wir die Verfassung etwa aushöhlen oder kippen wollen. Die Verfassung ist unser gemeinsames Grundgesetz. Wir, die tragenden politischen Gruppierungen, haben sie vor fast 50 Jahren gemeinsam auf den Weg gebracht. Wir haben sie im Prozeß der deutschen Einheit noch einmal ausdrücklich bestätigt.

Ich bleibe auch nach meinen täglichen Erfahrungen als Bundeskanzler, die etwas anders sind als die, die ich früher als Ministerpräsident in Mainz gemacht habe, dabei, daß die föderale Ordnung die beste Ordnung ist, die die Deutschen in ihrer Geschichte je hatten. Wir wollen daran festhalten. Darüber kann es keine Debatte geben.

Die europäische Entwicklung erzwingt auch von der Bundesrepublik Deutschland und Ihren Bürgerinnen und Bürgern eine spezifische nationale Existenz im Bereich des Kulturellen. Es ist nich einfach, das in Brüssel klarzumachen; denn die Lebenstraditionen unserer Partner sind völlig anders. Frankreich hatte zu allen Zeiten eine zentrale Hauptstadt, von der das kulturelle Geschehen ausgegangen ist. Wir sind stolz darauf, daß wir in unserem Land viele großen Kapitalen haben. Wir wollen sie auch behalten. Deswegen wollen wir die alte und neue Hauptstadt Berlin so ausbauen, wie wir das gemeinsam wünschen: in Anschluß an eine große Tradition aus der Zeit vor der Nazibarbarei, als Berlin einer der ganz großen kulturellen Mittelpunkte der Erde, nicht nur Europas war.

Ich glaube nicht, Frau Kollegin Vollmer, daß wir in der Frage, die Sie mit Ihrer Vorlage aufgeworfen haben, im Grundsatz auseinander sind. Ich halte das für eine der ganz wichtigen Fragen. Ich mag das Wort »Standort« in diesem Zusammenhang nicht gebrauchen, weil es einseitig ökonomisch besetzt ist. Wenn ich von der Zukunfssicherung Deutschlands spreche, so gehört für mich die Frage der Kulturlandschaft der Deutschen im 21. Jahrhundert ganz selbstverständlich dazu.

Ich bin absolut sicher, daß wir mit unserem bisherigen Denken im Bereich des Stiftungsrechts nicht weiterkommen werden, wenn wir nicht berücksichtigen, daß sich die Gesellschaft enorm verändert hat. Das fängt – das hat viel mit den Stiftungen zu tun – mit der demographischen Situation an: Die zu vererbenden Vermögenswerte haben heute eine andere Größenordnung als früher.

Die Tatsache, daß wir Gott sei Dank 50 Jahre lang Frieden hatten, hat dazu geführt, daß enorme Vermögenszuwächse entstanden sind, und zwar auch in breiten Mittelschichten.

Der Gedanke »Was wird später aus dem, was ich erarbeitet habe, und wo kann ich für die Gesellschaft etwas Gutes tun?« – es gibt viel mehr Leute, die so denken, als gemeinhin angenommen wird – ist in unserem Stiftungsrecht mit Sicherheit nicht ausreichend berücksichtigt.

Ich glaube nicht daran, daß wir die mir sympathische Möglichkeit der Vereinigten Staaten bei uns haben werden. Das ist ein ganz anderes System mit völlig anderen steuerlichen Verhältnissen. Aber ich glaube schon – das ist bereits von einem Redner gesagt worden – daß man im Stiftungsrecht nur dann wirklich positiv und dauerhaft etwas tun kann, wenn man den Mut hat, diese Frage in die große Steuerreform einzubauen. Ohne eine Grundsatzentscheidung in dieser Frage wird es nicht gehen.

Ich setze darauf, daß die bürgerschaftliche Gesinnung in unserem Land viel weiter entwickelt ist, als daß sie nur unter rein fiskalischen Gesichtspunkten gesehen werden kann. Die menschliche Natur ist aber nun einmal so, wie sie ist. Es ist nichts Negatives, wenn jemand sagt, für die Zeit in der er nicht mehr dasein werde, hätte er gern, daß sein Werk fortgeführt werde und man sich daran erinnere. Die Angelsachsen haben auf diesem Gebiet eine viel offenere Betrachtungsweise, weil sie bezüglich der

Frage des Erwerbs von Vermögen ohnehin viele Komplexe nicht mit sich schleppen, die in Deutschland in der Neidgesellschaft jeden Tag erneut gepflegt werden.

Aber ich würde schon darum bitten, daß wir die Frage der Stiftungen, die Sie hier zu Recht aufgeworfen haben und die übrigens nicht neu ist, auch unter diesem Gesichtspunkt sehen.

Lassen Sie mich noch ein Letztes sagen. Wir waren in der Sache viel weiter. Das gebe ich gerne zu. Ich habe das aus guten Gründen in meiner ersten Regierungserklärung und in den Jahren danach gesagt. Wir sind im Jahr 1988 daran gegangen, die Zahlen zu addieren, und waren gerade auf dem Weg, als wir im Zusammenhang mit der deutschen Einheit vor völlig neue Herausforderungen gestellt worden sind. Es hätte damals kein Mensch verstanden – das will ich doch auch einmal sagen, weil Sie die damalige Zeit angesprochen haben – wenn wir die Frage des Stiftungsrechts anderen, lebenswichtigen Fragen vorgezogen hätten.

Ich schlage vor, daß wir jetzt zumindest ein vernünftiges Gespräch in dieser Frage miteinander führen. Ich bezweifle – das füge ich hinzu – ob man angesichts der gegenwärtigen Finanzsituation schon bald eine Lösung finden kann. Aber vielleicht kann man sich doch einmal darauf verständigen, daß das ein Teil einer wirklichen Steuerreform sein muß. Da ich ganz sicher bin, daß die große Steuerreform, wie wir sie vorgeschlagen haben, von den Wählern akzeptiert wird, sage ich Ihnen gerne zu, daß wir dies dann auch vernünftig regeln werden.

Die neue Mittwochsgesellschaft

Marion Gräfin Dönhoff

Marion Gräfin Dönhoff, geboren 1909 in Ostpreußen, trat nach dem Studium der Volkswirtschaft 1936 in die Verwaltung der Familiengüter ein, deren Leitung sie 1939 übernahm. Seit 1946 gehört sie der Redaktion der Hamburger Wochenzeitung DIE ZEIT an. 1955 wurde sie Leiterin des politischen Ressorts, 1968 Chefredakteur und 1973 Herausgeber.

Egon Bahr

Egon Bahr, geboren 1922 in Treffurt/Werra, 1972 Bundesminister für besondere Aufgaben und von 1974 bis 1976 Bundesminister für wirtschaftliche Zusammenarbeit. 1976 bis 1981 Bundesgeschäftsführer der SPD, 1984 bis 1994 Direktor des Institutes für Friedensforschung und Sicherheitspolitik an der Universität Hamburg.

Günter de Bruyn

Günter de Bruyn, geboren 1926 in Berlin, Bibliothekar, seit 1961 freier Schriftsteller. Werke u.a.: »Buridans Esel« (1968), »Das Leben des Jean Paul Friedrich Richter« (1975), »Neue Herrlichkeit« (1984), »Zwischenbilanz. Eine Jugend in Berlin« (1992), »Vierzig Jahre. Ein Lebensbericht« (1996).

Friedrich Dieckmann

Friedrich Dieckmann, geboren 1937 in Landsberg, Warthe, Schriftsteller und Publizist, 1972 bis 1976 als Dramaturg am Berliner Ensemble tätig. Vizepräsident der Sächsischen Akademie der Künste, Dresden. Buchveröffentlichungen u.a.: »Streifzüge« (1977), »Glockenläuten und offene Fragen« (1991), »Vom Einbringen« (1992), »Wege durch Mitte« (1995).

Dieter Grimm

Dieter Grimm, geboren 1937 in Kassel; 1967 bis 1979 Wissenschaftlicher Referent am Max-Planck-Institut für Europäische Rechtsgeschichte in Frankfurt, seit 1979 Professor für Öffentliches Recht an der Universität Bielefeld, seit 1987 Richter des Bundesverfassungsgerichts.

Volker Hassemer

Volker Hassemer, geboren 1944 in Metz, Frankreich, seit 1979 Mitglied des Abgeordnetenhauses von Berlin für die CDU, 1981 bis 1983 Senator für Stadtentwicklung und Umweltschutz in Berlin, 1983 bis 1989 Senator für Kulturelle Angelegenheiten, 1991 bis 1996 Senator für Stadtentwicklung und Umweltschutz.

Reinhard Höppner

Reinhard Höppner, geboren 1948 in Haldensleben, 1990 Vizepräsident der DDR-Volkskammer, 1990 bis 1994 Vorsitzender der SPD-Fraktion im Landtag Sachsen-Anhalt. Seit 1993 Präsidiumsmitglied des Deutschen Evangelischen Kirchentags und seit 1994 Ministerpräsident von Sachsen-Anhalt.

Wolf Lepenies

Wolf Lepenies, geboren 1941, Rektor des Wissenschaftskollegs zu Berlin (seit 1986) und Professor für Soziologie an der Freien Universität Berlin. Zu seinen wichtigsten Veröffentlichungen zählen: »Melancholie und Gesellschaft« (1969), »Das Ende der Naturgeschichte« (1976), »Die drei Kulturen« (1985), »Autoren und Wissenschaftler im achtzehnten Jahrhundert« (1988), »Sainte-Beuve. Auf der Schwelle zur Moderne« (1997).

Ernst Joachim Mestmäcker

Ernst-Joachim Mestmäcker, geboren 1926, Professor für Bürgerliches Recht, 1967 bis 1969 Vorsitzender des Gründungsausschusses und Gründungsrektor der Universität Bielefeld. 1978 bis 1994 Direktor am Max-Planck-Institut für ausländisches und internationales Privatrecht, Hamburg. 1984 bis 1990 Vizepräsident der Max-Planck-Gesellschaft.

Edzard Reuter

Edzard Reuter, geboren 1928 in Berlin, 1980 Leiter des Vorstandsressorts Finanz- und Betriebswirtschaft der Daimler-Benz AG, Stuttgart. März 1987 stellvertretender Vorsitzender des Vorstandes, September 1987 bis Mai 1995 Vorsitzender des Vorstandes der Daimler-Benz AG.

Helmut Schmidt

Helmut Schmidt, geboren 1918 in Hamburg, 1961 bis 1965 SPD-Innensenator in Hamburg, 1967 bis 1969 Fraktionsvorsitzender der SPD im Deutschen Bundestag, 1968 bis 1984 stellvertretender Parteivorsitzender der SPD, 1969 bis 1972 Bundesminister der Verteidigung, 1972 bis 1974 Bundesminister der Finanzen. 1974 bis 1982 Bundeskanzler, seit 1985 Herausgeber der Wochenzeitung DIE ZEIT.

Dieter Simon

Dieter Simon, geboren 1935 in Ludwigshafen/Rhein, von 1968 bis 1991 Professor für Zivilrecht und Römisches Recht an der Johann Wolfgang Goethe-Universität Frankfurt am Main, seit 1980 Direktor am Max-Planck-Institut für europäische Rechtsgeschichte, 1989 bis 1992 Vorsitzender des Wissenschaftsrats, seit 1995 Präsident der Berlin-Brandenburgischen Akademie der Wissenschaften.

Wolfgang Thierse

Wolfgang Thierse, geboren 1943, Kulturwissenschaftler, Germanist, stellvertretender Parteivorsitzender der SPD. 1977 bis 1990 wissenschaftlicher Mitarbeiter an der Akademie der Wissenschaften der DDR. Oktober 1989 Unterschrift beim Neuen Forum, Januar 1990 Eintritt in die SPD, Juni bis September 1990 Vorsitzender der SPD/DDR, Mitglied der Volkskammer vom 18. März bis 2. Oktober 1990.

Giuseppe Vita

Giuseppe Vita, geboren 1935 in Sizilien, 1961 Facharzt für Radiologie, 1964 Eintritt in die Schering AG als wissenschaftlicher Mitarbeiter, 1965 Geschäftsführer der Schering SpA. Mailand, 1987 Vorstandsmitglied der Schering AG, seit 1989 Vorsitzender des Vorstandes der Schering AG.

Antje Vollmer

Antje Vollmer, geboren 1943, Politikerin und Publizistin, 1969 bis 1975 Hochschulassistentin, Gemeindepraxis in Berlin-Wedding, 1976 bis 1982 Tätigkeit in der ländlichen Bildungsarbeit, 1983 bis 1990 Mitglied der Fraktion DIE GRÜNEN im Deutschen Bundestag, zeitweise als Fraktionssprecherin. 1991 bis 1994 publizistische Tätigkeit und Mitarbeit in einer Epilepsie-Klinik in Bethel, seit 1994 Vizepräsidentin des Deutschen Bundestages.

Richard von Weizsäcker

Richard von Weizsäcker, geboren 1920 in Stuttgart, 1950 bis 1966 Tätigkeit in der Wirtschaft, 1964 bis 1970 und 1979 bis 1981 Präsident des Deutschen Evangelischen Kirchentages, 1967 bis 1984 Mitglied der Synode und des Rates der Evangelischen Kirche in Deutschland, 1969 bis 1981 Mitglied des Deutschen Bundestages, Fraktion der CDU/CSU, 1981 bis 1984 Regierender Bürgermeister von Berlin, 1984 bis 1994 Bundespräsident.